Das Substantiv im Nominativ
Именительный падеж

Вид на Кремль

Австрийка спрашивает у Вани:

— Где находится киоск с открытками?

— Зачем Вам нужны открытки?

— Я хочу запомнить вид Кремля.

— Но у Вас есть фотоаппарат. Сфотографируйте сами.

— Не могу.

— Почему?

— На каждой фотографии мой муж.

— Ведь Ваш муж — красивый мужчина.

— Да, знаю. Уже есть муж и Большой театр, муж и Драматический театр, муж и Исторический музей, муж и Московское метро, муж и Красная площадь, муж и цирк, муж и ГУМ, муж и Гоголь, муж и Пушкин.

— Прекрасно, понимаю. Киоск вон там.

вид *m* Ansicht; **на** + *Akk* auf; **Кремль** *m* Kreml

где wo; **киоск** *m* Kiosk; **с открытками** *f Instr Pl* mit Ansichtskarten

у вас есть Sie haben; **фотоаппарат** *m* Fotoapparat

на + *Präp* auf; **каждая фотография** *f* jedes Foto; **мой муж** *m* mein Mann; **красивый мужчина** *m* ein schöner Mann; **да** ja; **знаю** ich weiß; **уже** schon; **есть** es gibt; **и** und; **Большой театр** *m* Bolschoi-Theater; **музей** *m* Museum; **метро** *n* U-Bahn **цирк** *m* Zirkus

Пушкин *m* Puschkin (Dichter)

понимаю *uv* ich verstehe; **вон там** dort

Die rosa unterlegten Substantive sind weiblich. Welche gemeinsame Endung haben sie?

школа
открытка
киоск
муж
театр
Пушкин
утро
окно

Bei allen männlichen, grün unterlegten Substantiven haben die Endlaute ein gemeinsames Merkmal. Welches?

Die blau unterlegten Substantive sind sächlich. Wie lautet ihre Endung?

Австрийка спрашивает у Вани:

— Где находится киоск с открытками?

— Зачем Вам нужны открытки?

— Я хочу запомнить вид Кремля.

— Но у Вас есть фотоаппарат. Сфотографируйте сами.

— Не могу.

— Почему?

— На каждой фотографии мой муж.

— Ведь Ваш муж — красивый мужчина.

— Да, знаю. Уже есть муж и Большой театр, муж и Драматический театр, муж и Исторический музей, муж и Московское метро, муж и Красная площадь, муж и цирк, муж и ГУМ, муж и Гоголь, муж и Пушкин.

— Прекрасно, понимаю. Киоск вон там.

Michaela Liaunigg • Natalie Fischer

Auf alle Fälle Singular
Übungen zum russischen Kasussystem

Ergänzendes Material finden Sie auf:
http://www.edition-liaunigg.at/content/material.php

Michaela Liaunigg, Natalie Fischer
Auf alle Fälle Singular. Übungen zum russischen Kasussystem
Gedichte: Natalie Fischer (Sacharewitsch)
Illustrationen: Alexander Strohmaier
2. Auflage, 6. Druck
ISBN: 978-3-902712-13-4
Edition Liaunigg e.U.
Krottenbachstraße 3/2/3
1190 Wien
Österreich
E-Mail: info@edition-liaunigg.at
Internet: http://www.edition-liaunigg.at
Korrektur: Sigrid Strauß, Olga Krysina
© Copyright 2012 Michaela Liaunigg, Natalie Fischer, Edition Liaunigg e.U.
Druck: Prospektus Nyomda
Printed in Hungary

Der Wortstamm trägt die Bedeutung des Wortes. Durch das Anfügen von Endungen werden Wortformen gebildet.

картин	+ a		картина
Stamm	+ Endung des Nominativs weiblich		das Bild

Fast alle Konsonanten im Stammauslaut können je nach Artikulation nicht palatal oder palatal sein.

In unserem Fall endet der Stamm картин [kɐrˈtʲin] auf den nicht palatalen Konsonanten [n]. Im Schriftbild folgt für die weibliche Form des Nominativs die Endung -a. Im Schriftbild sehen wir:

> Konsonant + a

Ist der Stammauslaut palatal, folgt für das weibliche Substantiv im Nominativ die Endung -я. Die schematische Darstellung ist:

> Konsonant + я

Тан	+ я		Таня
Stamm	+ Endung des Nominativs weiblich		Tanja

Die Endung ist sowohl für Таня als auch картина -a, aber im ersten Fall ist der Stammauslaut [nʲ] palatal, im zweiten Fall nicht [n]. Im Schriftbild übernehmen die Vokalbuchstaben die Kennzeichnung für die Palatalität:
-a zeigt, dass der vorhergehende Konsonant nicht palatal ist,
-я folgt auf einen palatalen Konsonanten. Es gilt folgende Regel:

nicht palataler Konsonant +	a	у	ы	o
palataler Konsonant +	я	ю	и	e, ё (betont)

Auf einen nicht palatalen Stammauslaut folgen die Vokalbuchstaben a, у, ы, о. Ist er palatal, folgen я, ю, и, e, ё (betont).

Fast alle Konsonanten sind paarig, das heißt, sie kommen sowohl palatal, als auch nicht palatal vor.
Bei den Konsonanten ч, щ ist das nicht der Fall, denn sie sind immer palatal. Auch ш, ж, ц sind unpaarig, nämlich nicht palatal. Bei ш, ж, ц und ч, щ gibt es **Rechtschreib- und Ausspracheregeln** zu beachten. Diese werden bei der Behandlung des jeweiligen Falles angeführt.

Die Endung des männlichen Substantivs: -Ø

Das männliche Substantiv hat im Nominativ eine Nullendung. Denn auf den Konsonanten am Wortende folgt keine Endung. Wenn der Endkonsonant palatal ist, zeigt uns dies das sogenannte weiche Zeichen ь.

Die Endung des sächlichen Substantivs: -o

Wenn der Endkonsonant nicht palatal ist, lautet die Endung -o. Aussprache: [ə] in unbetonter, [o] in betonter Stellung.

Ist der Endkonsonant jedoch palatal, folgt die unbetonte Endung -e [ɪ]. Ist die Endung betont, folgt -ë [o].

Einige wenige sächliche Substantive enden auf -я.

Die Endung des weiblichen Substantivs: -a

Wieder unterscheidet man im Schriftbild zwei Möglichkeiten. Wenn der Endkonsonant nicht palatal ist, lautet die Endung -a [ə] unbetont, [a] betont.
Ist der Stammauslaut palatal, folgt die Endung -я [ə] unbetont, [a] betont.

Es gibt eine Gruppe weiblicher Substantive mit Nullendung.

Sie enden im Schriftbild wie die männlichen Substantive auf -ь, also auf einen palatalen Konsonanten.

киóск Ø [kʲiˈosk] Kiosk
Der Stamm endet auf den nicht palatalen Konsonanten [k]. Man schreibt:

-Konsonant + Ø

Кремль Ø [krʲemlʲ] Kreml
Der Stamm endet auf den palatalen Konsonanten [lʲ]. Im Schriftbild sehen wir:

-Konsonant + ь

окнó [ɐˈkno] Fenster
Der Stamm endet auf den nicht palatalen Konsonanten [n]. Somit ergibt sich im Schriftbild:

-Konsonant + o

мóре [ˈmorʲɪ] Meer
Der Stamm endet auf den palatalen Konsonanten [rʲ]. Das Schema im Schriftbild ist:

-Konsonant + e

незнакóмое и́мя   ein unbekannter Name
моё ми́лое дитя́   mein liebes Kind

шкóла [ˈʂkoɫə] Schule
Der Stamm endet auf den nicht palatalen Konsonanten [ɫ]. Im Schriftbild sehen wir:

-Konsonant + a

Тáня [ˈtanʲə] Tanja
Der Stamm endet auf den palatalen Konsonanten [nʲ]. Man schreibt:

-Konsonant + я

Кра́сная пло́щадь   der Rote Platz
больша́я любо́вь   die große Liebe
ма́ленькая дочь   die kleine Tochter
моя́ жизнь   mein Leben

7

Die Endung -a verweist nicht in allen Fällen auf ein weibliches Substantiv. **Де́душка** *Großvater* hat zwar eine weibliche Endung, ist aber dem natürlichen Geschlecht entsprechend männlich, sodass das zugehörige Attribut in der männlichen Form steht. Das Gleiche gilt für männliche Kosenamen wie **Ва́ня**, **Ко́ля**, **Алёша** usw.

Substantive, die eine Person bezeichnen, haben immer das Geschlecht der Person, unabhängig von der Deklination der Endung.

Das gilt auch für Berufe, wo die männliche Endung beide Geschlechter bezeichnet, da es keine weibliche Form gibt.

Bei einigen wenigen Substantiven, die eine Person bezeichnen, steht die Endung -a nicht nur für die weibliche, sondern auch für die männliche Form. Es gilt wieder die Regel, dass sie trotz weiblicher Endung männlich sind.

ста́р**ый** де́душк**а**	der alte Großvater
мой па́п**а**	mein Papa
молод**о́й** дя́д**я**	der junge Onkel
э́т**от** мужчи́н**а**	dieser Mann
наш Алёш**а**	unser Aljoscha
ма́леньк**ий** Ко́л**я**	der kleine Kolja
пе́рв**ая** ле́ди *indekl*	die First Lady
краси́в**ая** мисс *indekl*	schönes Fräulein
на́ш**а** Зи́грид *indekl*	unsere Sigrid
дире́кто**р** пришёл	der Direktor kam
дире́кто**р** пришл**а́**	die Direktorin kam
мой колле́г**а**	mein Kollege
мо**я́** колле́г**а**	meine Kollegin
стро́г**ий** судь**я́**	strenger Richter
стро́г**ая** судь**я́**	strenge Richterin

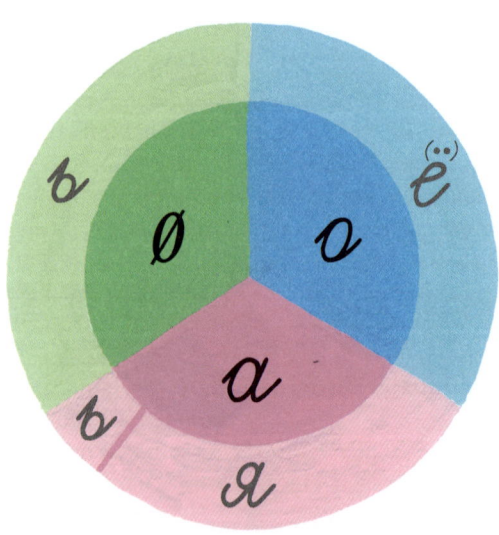

Das Adjektiv im Nominativ

Lesen Sie den gesamten Text. Für den noch unbekannten schwarz gedruckten Teil gibt es eine Vokabelhilfe mit den farblichen Markierungen für das grammatische Geschlecht: **weiblich**, **männlich**, **sächlich**.

Австри́йка спра́шивает у Ва́ни:

— Где нахо́дится киоск с открытками?
— Заче́м Вам нужны́ откры́тки?
— Я хочу́ запо́мнить вид Кремля́.
— Но у Вас есть фотоаппарат. Сфотографи́руйте са́ми.
— Не могу́.
— Почему́?
— На каждой фотографии мой муж.
— Ведь Ваш муж — красивый мужчина.
— Да, знаю. Уже есть муж и Большой театр, муж и Драмати́ческий теа́тр, муж и Истори́ческий музе́й, муж и Моско́вское метро, муж и Кра́сная пло́щадь, муж и цирк, муж и ГУМ, муж и Го́голь, муж и Пушкин.
— Прекра́сно, понимаю. Киоск вон там.

австри́йка Österreicherin; **спра́шивает** *uv* fragt; **Ва́ня** Wanja (Koseform von Ива́н Hans); **нахо́дится** *uv* es befindet sich **заче́м?** wozu? **вам** Ihnen; **нужны́** sie sind nötig; **я хочу́** *uv* ich will; **запо́мнить** *v* sich merken; **сфотографи́руйте** *v* fotografieren Sie; **са́ми** *Pl* selbst

я не могу́ *uv* ich kann nicht

почему́? warum?

ведь doch

драмати́ческий dramatisch
истори́ческий historisch
кра́сная rot; **пло́щадь** Platz
Го́голь Gogol (Schriftsteller)

прекра́сно *Adv* wunderbar

Analysieren Sie die farblich unterlegten Adjektivendungen im Nominativ.

Wie lautet die weibliche Endung des Adjektivs?

Für die männlichen Adjektivendungen gibt es drei Varianten. Welches gemeinsame Merkmal haben die Endungen?

Wie lautet die sächliche Endung?

кра́сная
ру́сская
больша́я
кра́сный
ру́сский
большо́й
кра́сное
ру́сское
большо́е

[...] — Зачем Вам нужны открытки?
— Я хочу запомнить вид Кремля.
— Но у Вас есть фотоаппарат. Сфотографируйте сами.
— Не могу.
— Почему?
— На каждой фотографии мой муж.
— Ведь Ваш муж — красивый мужчина.
— Да, знаю. Уже есть муж и Большой театр, муж и Драматический театр, муж и Исторический музей, муж и Московское метро, муж и Красная площадь, муж и цирк, муж и ГУМ, муж и Гоголь, муж и Пушкин.
— Прекрасно, понимаю. Киоск вон там.

Das Adjektiv im Nominativ

Die Endung des weiblichen Adjektivs: -ая

Im Schriftbild gibt es zwei Möglichkeiten. Wenn der Stammauslaut nicht palatal ist, lautet die Endung -ая [əjə] unbetont, [ajə] betont.

Ist der Stammauslaut jedoch palatal, lautet die Endung -яя [əjə] (immer unbetont).

Aussprache- und Rechtschreibregel
Nach den palatalen Lauten ч, щ schreibt man -a und nicht -я.

Die Endungen des männlichen Adjektivs: -ый, -ой

a) Wenn der Stammauslaut nicht palatal ist, gibt es zwei mögliche Endungen:
• Die unbetonte Endung lautet -ый [ij].

• Die betonte Endung lautet -ой [oj].

b) Ist der Stammauslaut palatal, lautet die Endung -ий [ij]. Diese Endung ist nie betont.

Bei den unbetonten männlichen Adjektivendungen gibt es noch zwei Faktoren zu beachten:
Ausspracheregel
Nach к, г, х folgt immer die Endung -ий.

Aussprache- und Rechtschreibregel
Beim Stammauslaut auf ш und ж schreibt man die Endung -ий. Da es sich bei ш und ж um nicht palatale Laute handelt, ist die Aussprache jedoch [ij].

краси́вая [krɐˈsʲivəjə] schön
Der Stamm endet auf den nicht palatalen Konsonanten [v]. Im Schriftbild zeigt sich:

-Konsonant + ая

ле́тняя [ˈlʲetnʲəjə] sommerlich
Der Stamm endet auf den palatalen Konsonanten [nʲ]. Die Regel im Schriftbild:

-Konsonant + яя

горя́чая [gɐˈrʲatɕəjə] heiß
о́бщая [ˈobɕːəjə] allgemein

ста́рый [ˈstarɨj] alt
Der Stamm endet auf den nicht palatalen Konsonanten [r]. Somit ergibt sich im Schriftbild folgende Regel:

-Konsonant + ый

пусто́й	[pʊsˈtoj]	leer
плохо́й	[plɐˈxoj]	schlecht
большо́й	[bɐlʲˈşoj]	groß

Im Schriftbild ergibt sich:

-Konsonant + ой

после́дний [pɐˈslʲednʲij] letzter
Der Stamm endet auf den palatalen Konsonanten [nʲ]. Im Schriftbild sehen wir:

-Konsonant + ий

ру́сский	[ˈrusʲkʲij]	russisch
стро́гий	[ˈstrogʲij]	streng
ти́хий	[ˈtʲixʲij]	still, ruhig

хоро́ший	[xɐˈroşij]	gut
ры́жий	[ˈriẓɨj]	rothaarig

Die Endung des sächlichen Adjektivs: -oe

Wenn der Stammauslaut nicht palatal ist, lautet die Endung -oe [əjə] unbetont, [ojə] betont.

Ist der Stammauslaut jedoch palatal, lautet die Endung -ee [ɪjə].

Aussprache- und Rechtschreibregel

Beim Stammauslaut auf **ш** und **ж** ist die unbetonte Endung -ee. Aussprache: [əjə].

нóвое [ˈnovəjə] neu
Der Stamm endet auf den nicht palatalen Konsonanten [v]. Man schreibt:

-Konsonant + oe

зúмнее [ˈzʲimnʲɪjə] winterlich
Der Stamm endet auf den palatalen Konsonanten [nʲ]. Man schreibt:

-Konsonant + ee

хорóшее	[xɐˈroʂəjə]	gut
рыжее	[ˈrɪʐəjə]	rothaarig

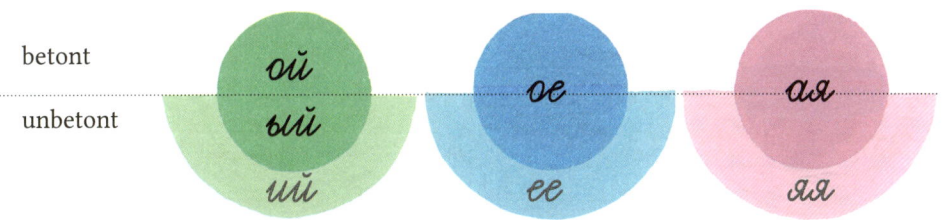

betont / unbetont

ой / *ый* / *ий*
ое / *ее*
ая / *яя*

Die Betonung der Adjektivendungen

a) Ist der Stammauslaut nicht palatal, ist die **betonte** Endung: -óй [oj] -óe [ojə] -áя [ajə]

und die **unbetonte** Endung: -ый [ij] -oe [əjə] -ая [əjə]

b) Ist der Stammauslaut palatal, dann ist die Endung immer **unbetont**: -ий [ij] -ee [əjə] -яя [əjə]

Das Adjektiv im Nominativ

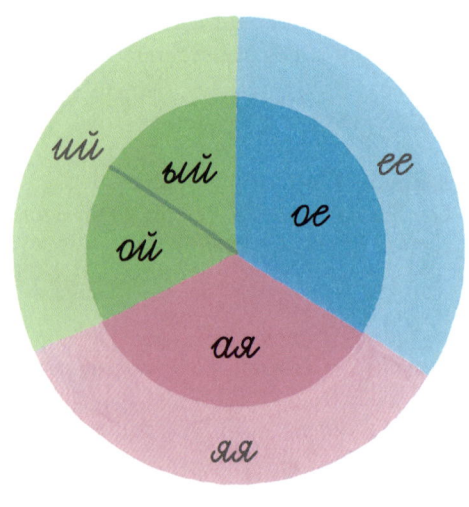

Possessivpronomen

мой твой	моё твоё	моя твоя
	его его её	
наш ваш	наше ваше	наша ваша
	их	

Demonstrativpronomen

этот	это	эта

Funktionen des Nominativs im Satz

Subjekt	Ка́тя спит.	Katja schläft.
	Сего́дня со́лнце.	Heute scheint die Sonne.
	Ночь. Тишина́.	Es ist Nacht. Es herrscht Stille.

Prädikat	Гли́нка — компози́тор.	Glinka ist ein Komponist.
	Ве́ра актри́са.	Vera ist Schauspielerin.
	Бо́ря ещё ма́ленький.	Borja ist noch klein.

In der russischen Sprache gibt es eine Reihe von Konstruktionen, bei denen das logische Subjekt des Satzes nicht mit dem grammatischen zusammenfällt.
Besondere Aufmerksamkeit verlangen jene Sätze, in denen im Deutschen das logische und grammatische Subjekt zusammenfallen, im Russischen aber nicht.

Im Deutschen	Im Russischen	
Logisches und grammatisches Subjekt im Nominativ	Logisches Subjekt im Genitiv, Dativ oder Akkusativ	Grammatisches Subjekt im Nominativ
Lena besitzt ein Fahrrad.	У Ле́ны есть	велосипе́д.
Boris braucht eine Fahrkarte.	Бори́су ну́жен	биле́т.
Diese Frau heißt Natalja.	Э́ту же́нщину зову́т	Ната́лья.

Verbinden Sie die Substantive je nach Geschlecht mit den entsprechenden Farben und es entstehen die darunter skizzierten Muster. Verdecken Sie die Lösungen.

биле́т	муж	фотогра́фия	●	пло́щадь
Че́хов	де́душка	апте́ка		австри́йка
парк	Ва́ня			
ка́сса	● Аме́рика	вино́	●	окно́
		пи́во		мо́ре
●	Алекса́ндр	бюро́		у́тро
мужчи́на	мать		●	
Татья́на	откры́тка	цирк		И́горь
Ма́ша	любо́вь	Кремль		дя́дя
дочь				

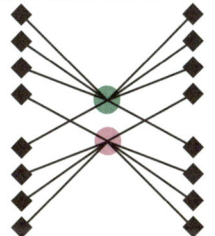

Ergänzen Sie die Endungen.

Sie können die Übung unterschiedlich schwierig gestalten:
- Verdecken Sie die rechte Seite ab Linie 1, also nur die Substantivendung.
- Verdecken Sie ab Linie 2 die rechte Seite. Der Farbcode bleibt als Hilfe.
- Verdecken Sie ab Linie 3 die rechte Seite.

Lesen Sie die Wortpaare laut. Probieren Sie immer flüssiger zu lesen. Sie können die Wortpaare auch auf ein Extrablatt schreiben.

		3	2	1			3	2	1
ста́р~	ра́туш~	■	-ая	-а	Национа́льн~ галере́~	■	-ая	-я
но́в~	дом~	■	-ый	-∅	Истори́ческ~ музе́й~	■	-ий	-∅
спорти́вн~	бассе́йн~	■	-ый	-∅	больш~ у́лиц~	■	-ая	-а
Больш~	теа́тр~	■	-ой	-∅	хоро́ш~ врач~	■	-ий	-∅
Академи́ческ~	теа́тр~	■	-ий	-∅	пе́рв~ остано́вк~	■	-ая	-а
центра́льн~	почта́мт~	■	-ый	-∅	но́в~ ры́нок~	■	-ый	-∅
де́тск~	больни́ц~	■	-ая	-а	до́бр~ у́тр~	■	-ое	-о
ле́тн~	сад~	■	-ий	-∅	Наро́дн~ сад~	■	-ый	-∅
ру́сск~	цирк~	■	-ий	-∅	ру́сск~ гости́ниц~	■	-ая	-а
ма́леньк~	окн~	■	-ое	-о	кни́жн~ магази́н~	■	-ый	-∅

N3 Wie lauten die Adjektive bzw. Possessivpronomen?

- Auf welcher Silbe sind die weiblichen Formen betont? Verdecken Sie die rechte Seite ab Linie 1.
- Wie lautet die männliche Form? Verdecken Sie die Lösungen ab Linie 2.
- Wie lautet die sächliche Form? Verdecken Sie die Lösungen ab Linie 3.

	Какая девочка? Welches Mädchen?		Какой мальчик? Welcher Junge?	Какое дитя? Welches Kind?
		1	2	3
lieb	милая	ми́лая	милый	милое
groß	большая	больша́я	большой	большое
klein	маленькая	ма́ленькая	маленький	маленькое
gut	хорошая	хоро́шая	хороший	хорошее
lieb, teuer	дорогая	дорога́я	дорогой	дорогое
fremd	чужая	чужа́я	чужой	чужое
rothaarig	рыжая	ры́жая	рыжий	рыжее
ruhig	тихая	ти́хая	тихий	тихое
mein	моя	моя́	мой	моё
unser	наша	на́ша	наш	наше
sein	его	его́	его	его

Ist die Endung -ая unbetont, sprechen wir [əjə]: ми́лая ['mʲiɫəjə].

Ist die Endung betont, sprechen wir [ajə]: дорога́я [dərɐ'gajə].

Ist die Endung unbetont, schreibt man -ый und spricht [ɨj]: ми́лый ['mʲiɫɨj].

Ist die Endung betont, lautet sie -ой [oj]: дорого́й [dərɐ'goj].

Nach ш, ж, ц schreibt man in unbetonter Stellung -ий, spricht jedoch [ɨj]: хоро́ший [xɐ'roʂɨj].

Nach к, г, х folgt -ий [ij]: ма́ленький ['malʲinʲkʲij].

Ist die Endung -oe unbetont, sprechen wir [əjə]: ми́лое ['mʲiɫəjə].

Bei Betonung lautet die Endung -oe [ojə]: дорого́е [dərɐ'gojə].

Nach ш, ж, ц schreibt man in unbetonter Stellung -ee statt -oe und spricht [əjə]: хоро́шее [xɐ'roʂəjə].

Formulieren Sie Dialoge nach folgendem Muster:

— Прости́те, где здесь ста́рая ра́туша?
— За угло́м.
— Спаси́бо.
— Пожа́луйста.

Verwenden Sie die Wortgruppen, die in Übung **N2** angeboten werden, und kombinieren Sie diese mit den nachstehenden Ausdrücken.

• Прости́те, где...	за угло́м	um die Ecke
Entschuldigen Sie, wo ist ...	спра́ва/сле́ва	rechts/links
• Извини́те, где здесь...	напро́тив	gegenüber
Verzeihen Sie, wo ist hier ...	ря́дом	nebenan
• Скажи́те пожа́луйста, где...	далеко́ отсю́да	weit von hier
Sagen Sie bitte, wo ...	недалеко́ отсю́да	nicht weit von hier
• Вы не зна́ете, где...	там же, где	dort, wo
Wissen Sie (nicht), wo ...		

Sind die Substantive auf -ь männlich oder weiblich? Übersetzen Sie vom Russischen ins
Deutsche und auch umgekehrt. Verdecken Sie die jeweilige Lösung.

но́вая це́рковь	die neue Kirche	ста́рый Кремль	der alte Kreml
больша́я любо́вь	die große Liebe	мой портфе́ль	meine Aktentasche
Кра́сная пло́щадь	der Rote Platz	молодо́й учи́тель	der junge Lehrer
морска́я соль	das Meersalz	ру́сский писа́тель	der russische Schriftsteller

Besonders leicht macht man bei jenen Substantiven Fehler, die im Russischen ein anderes Geschlecht haben als im Deutschen. Welche drei Beispiele von den oben genannten betrifft das?

Setzen Sie die entsprechenden Endungen ein.

молод~ мать	-ая	больш~ Сиби́рь	-ая	споко́йн~ ночь	-ая
ма́леньк~ дочь	-ая	смерте́льн~ дуэ́ль	-ая	ста́р~ портфе́ль	-ый
ру́сск~ царь	-ий	кра́сн~ автомоби́ль	-ый	интере́сн~ роль	-ая
молод~ И́горь	-ой	вку́сн~ караме́ль	-ая	больш~ ра́дость	-ая
но́в~ учи́тель	-ый	свеж~ форе́ль	-ая	наш~ молодёжь	-а

Übungen zum Nominativ

Ausspracheübung: Wann stimmen Aussprache und Schreibung bei **и/ы** nicht überein?

Краси́вая тури́стка спра́шивает Ваню:
— Где Драмати́ческий теа́тр?
Где цирк?
Где Истори́ческий музе́й?
Где Пу́шкин?
А где кио́ск с откры́тками?
— Вы мно́го спра́шиваете.

Nach einem **nicht palatalen** Konsonanten schreiben wir in der Regel den Buchstaben ы und sprechen [ɨ]. Nach einem **palatalen** Konsonanten schreiben wir и und sprechen [i].

Vorsicht bei den Wörtern:

маши́на	[mɐˈʂɨnə]	Auto
цирк	[tsɨrk]	Zirkus
пассажи́р	[pəsɐˈʐɨr]	Passagier
жира́ф	[ʐɨˈraf]	Giraffe

Rechtschreib- und Ausspracheregel
Nach den nicht palatalen Lauten **ж, ш** und **ц** spricht man **[ɨ]**, schreibt aber **и**.

Übersetzen Sie die farblich hervorgehobenen Stellen. Verdecken Sie die Lösungen.

Телефо́нный звоно́к

ве́чером am Abend; **зазвони́л** *v* läutete
никто́ niemand; **отвеча́ет** *uv* antwortet
опя́ть wieder
все alle; **посмотре́ли** *v* sie schauten an; **друг на дру́га** einander *Akk*; **поду́мала** *v* sie dachte; **звони́т** *uv* ruft an

шко́льный **друг** Schulfreund

знако́мая Bekannte; **певи́ц**а Sängerin; **ста́рш**ий älter
подру́га Freundin

я звони́л *uv* ich rief an; **что́бы** damit; **о хоро́ш**ем über Gutes

Ве́чером зазвони́л телефо́н.
— Алло́?
Никто́ не отвеча́ет.
— Алло́?
Опя́ть никто́ не отвеча́ет.
Все посмотре́ли друг на дру́га.
Meine ма́ма поду́мала, что звони́т **ihre** пе́рв~ любо́вь, хи́мик Вита́лий Петро́вич. Оте́ц поду́мал, что э́то **seine** секрета́рша А́ллочка.
Ба́бушка поду́мала, что э́то **ihr** шко́льн~ друг Ви́ктор Семёнович.
Де́душка поду́мал, что э́то **seine** знако́м~, певи́ца А́лла Миха́йловна. **Mein** ста́рш~ брат поду́мал, что э́то звони́т **seine** но́в~ подру́га.
Meine сестра́ поду́мала, что э́то **ihr** друг Ви́тя.
А э́то звони́л я, что́бы все поду́мали о хоро́шем.

Моя́

её, пе́рвая

его́

её
шко́льный
его́
знако́мая
Мой ста́рший
его́, но́вая
Моя́
её

Legen Sie das Buch mit dem aufgeschlagenen Text in einiger Entfernung vom Schreib-tisch ab. Lesen Sie so viel vom Text, wie Sie sich merken können, und schreiben Sie ihn dann am Schreibtisch aus dem Gedächtnis auf. Haben Sie etwas vergessen oder sind Sie unsicher, gehen Sie wieder zum Text und schauen Sie nach und holen Sie sich die nächste Portion. Zum Schluss vergleichen Sie die Texte noch einmal.

Übrigens, die Übung ist geeignet, um zwischendurch – sozusagen auf dem Weg – das Fenster zu öffnen. Sie können „unterwegs" auch etwas zum Trinken bereitstellen. Eine „Frischluftübung" oder „Erfrischungsübung" oder auch beides? Das entscheiden Sie.

1. Lauftext
— Что э́то?
— Э́то университе́т.
— А э́то то́же университе́т и́ли музе́й?
— Нет, э́то Большо́й теа́тр.

2. Lauftext
— Кто э́тот челове́к?
— Э́то Ре́пин.
— Кто он?
— Он изве́стный ру́сский худо́жник.

3. Lauftext
— Это Ива́н Андре́евич или Андре́й Ива́нович?
— Это Андрей Иванович.
— А это кто?
— Это О́льга Степа́новна. Она́ хоро́ший врач.

4. Lauftext
— Вот прия́тный молодо́й челове́к. Кто он?
— Он студе́нт.
— А это то́же студент?
— Нет, это И́горь. Он секрета́рь. А это Ле́на, она́ то́же секрета́рь.

In den Lauftexten 3 und 4 sehen Sie, dass es nur die männliche Form für Arzt und Ärztin, nämlich *врач*, und für Sekretärin und Sekretär *секретарь* gibt. Noch eine Reihe anderer Berufe besitzt ebenfalls nur eine männliche Endung, wie zum Beispiel:

дире́ктор	Direktor	Direktorin	Она́/он но́вый дире́ктор.
худо́жник	Künstler	Künstlerin	Она́/он ру́сский худо́жник.
а́втор	Autor	Autorin	Она́/он совреме́нный а́втор.
био́лог	Biologe	Biologin	Она́/он изве́стный био́лог.

Lektüre

Это Вена

Koffer **чемода́н**	Чемода́н и бегемо́т,	**бегемо́т** Nilpferd
Jahr **год**	ру́сский год, учёный кот,	**учёный кот** der gelehrte
du siehst **ви́дишь** *uv*	ви́дишь, Ле́на, э́то Ве́на:	Kater
rechts **спра́ва**	спра́ва банк, а сле́ва панк,	**сле́ва** links
Hund **соба́ка**	тут соба́ка, там апте́ка,	
jemandes **чей-то**	чей-то зад, Наро́дный сад...	**Наро́дный** Volksgarten
Hintern **зад**	Где же здесь библиоте́ка,	**сад**
Haltestelle **остано́вка**	остано́вка, по́чта, ка́сса,	
	Гра́бен, О́пера, гара́ж,	
	Хо́фбург, Ринг и	
	Ке́рнтнерштрассе,	
	дом 1, седьмо́й эта́ж!!!	**седьмо́й эта́ж** der siebente
		Stock
um die Ecke **за угло́м**	За угло́м у две́ри ба́нка	**у** + *Gen* **две́ри** bei der Tür
weint **пла́чет** *uv*	пла́чет Ле́на-иностра́нка.	**иностра́нка** Ausländerin

Москва́ — Moskau

Ми́лый друг, ещё жива́	Lieber Freund, noch lebt
златогла́вая Москва́.	Moskau mit den goldenen Kuppeln.
Я прие́ду, ты встреча́й —	Ich komme, hol mich ab –
ся́дем на речно́й трамва́й.	fahren wir mit dem Passagierschiff.
Мы плывём, плывёт земля́,	Wir schwimmen und es schwimmt die Erde,
ба́шня дре́внего Кремля́,	der Turm des alten Kremls,
ле́тний ве́чер, шко́льный бал,	der Sommerabend, der Schulball
Белору́сский вокза́л.	und der Weißrussische Bahnhof.

ми́лый	ми́лое	ми́лая	lieb
шко́льный	шко́льное	шко́льная	Schul-, schulisch
речно́й	речно́е	речна́я	Fluss-
большо́й	большо́е	больша́я	groß
белору́сский	белору́сское	белору́сская	weißrussisch
дре́вний	дре́внее	дре́вняя	alt
ле́тний	ле́тнее	ле́тняя	Sommer-, sommerlich

То́чки зре́ния

то́чк**и** *Nom Pl* зре́ни**я** *Gen Sg* Standpunkte

— Это что?

— Это моя́ ко́мната.

ко́мнат**а** Zimmer

— Это не комната, это у́жас.

э́то у́жас das ist fürchterlich

— Ужас? Почему ужас?

почему́ warum

— Здесь беспоря́док.

беспоря́до**к** Unordnung

— Беспорядок?

— Да, беспорядок.

— Нет. Это не беспорядок, а только необы́чный поря́док.

то́лько nur

необы́чн**ый** ungewöhnlich; поря́до**к** Ordnung

— Како́й же это поря́док?

— Сле́ва крова́ть. Там и кни́га, и таре́лка, и ко́фе.

крова́т**ь** Bett; кни́г**а** Buch; таре́лк**а** Teller

ко́фе *m!* Kaffee

В це́нтре стол. Здесь поду́шка, и руба́шка, и карти́на, и ча́йник. И ещё есть окно́ и прекра́сный вид. Зна́чит: порядок.

стол Tisch; поду́шк**а** Kissen

руба́шк**а** Hemd; карти́н**а** Bild; ча́йник Teekanne; прекра́сн**ый** wunderschön; ви**д** Aussicht; зна́чит *uv* also (das bedeutet)

— Прекра́сный вид?

— Да, коне́чно.

коне́чно sicherlich

— Там ста́рая маши́на, и ведро́, и гря́зная бума́га. Там у́лица и шум. А где прекра́сный вид?

маши́н**а** Auto; ведро́ Eimer

гря́зн**ый** schmutzig; бума́г**а** Papier; у́лиц**а** Straße; шум Lärm; где wo

— Это не про́сто старая машина, это автоветера́н. Это не ведро́, а кани́стра. Это не грязная бумага, а плака́т. А улица — это улица. А шум — это му́зыка.

про́сто einfach

автоветера́н Oldtimer; кани́стр**а** Kanister

плака́**т** Plakat

му́зык**а** Musik

— Музыка?

— Да, там игра́ет джаз.

игра́ет *uv* джа**з** man spielt Jazz

— И вообще́ эта комната тёмная.

вообще́ überhaupt; тёмн**ый** finster

— Тёмная? Нет. Не ви́дишь, све́тит ла́мпа!

ви́дишь *uv* du siehst; све́тит *uv* es leuchtet

ла́мп**а** Lampe

— Нет, не ви́жу.

ви́жу *uv* ich sehe

— Это же краси́вый ро́зовый свет.

ро́зов**ый** rosa; све**т** Licht

— Это не розовый свет, а ро́зовые очки́.

очки́ *Pl* Brille

— А это — мно́жественное число́!

мно́жественн**ое** число́ Plural

— Ох, прости́!

прости́ *v* entschuldige

— Ничего́.

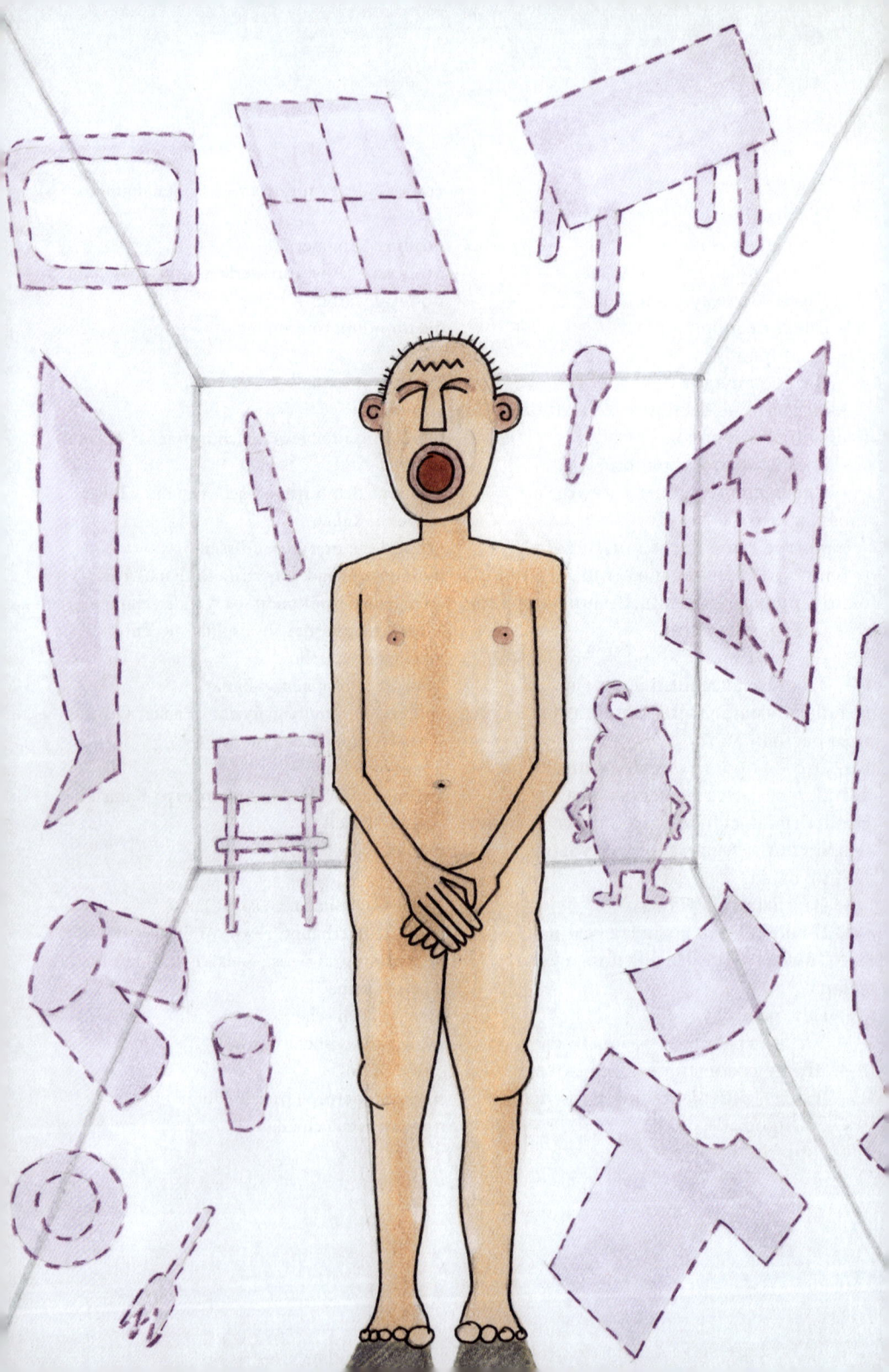

Lesen Sie den schwarz gedruckten Text. Bei der Vokabelhilfe ist das grammatische Geschlecht farblich gekennzeichnet: **männlich**, **weiblich**, **sächlich**.

«Отрицательная» история

У меня́ бы́ли го́сти — во́ры. Зна́ете, у меня́ тепе́рь ничего́ нет. У меня́ нет телеви́зора, (хоро́шего, впро́чем, никогда́ не было). У меня́ нет ста́рого ра́дио, и я теперь пишу́ без компью́тера. Ни одно́й вилки, ни одно́й ложки не оста́лось, ни стака́на, ни таре́лки (зато́ воры теперь обедают культу́рно). Нет сту́ла, нет стола́, нет за́навески, нет ковра́. Нет оде́жды у меня́! Да, да, да, у меня́ нет одежды! Я, абсолю́тно го́лый, сижу́ и пишу́. Подробности вас, наве́рно, не интересу́ют. Нет мое́й карти́ны, на кото́рой никогда́ не было изображе́ния. Это картина изве́стного, ру́сского худо́жника, знаете? На ней нет краси́вой же́нщины, даже некраси́вой женщины нет. Нет ни мужчи́ны, ни ма́льчика, ни де́вочки. Проста́я картина, знаете... Мале́вича... знаете? Да?.. Нет?! А е́сли вы ду́маете, что у меня́ нет ничего́... ни стены́, ни окна́, ни две́ри, ни одного́ угла́, то вы ошиба́етесь. Кварти́ра пуста́, но она́ есть. Нет мое́й семьи́. Нет жены́, нет сы́на, нет до́чки. А куда́ они́ ушли́? Чёрт знает, куда́. И сосе́д исче́з. А, вот и бума́ги нет...

у меня́ бы́ли bei mir waren; **го́сти** Gäste; **во́ры** Diebe; **у меня́** (bei mir) ich habe; **тепе́рь** jetzt; **ничего́** nichts; **телеви́зор** Fernseher; **ра́дио** *indekl* Radio

я пишу́ *uv* ich schreibe; **без** + *Gen* ohne; **компью́тер** Computer

стул Stuhl

стол Tisch; **за́навеска** Vorhang; **ковёр ковра́** Teppich; **оде́жда** Kleidung

абсолю́тно vollkommen; **го́лый** nackt; **я сижу́** *uv* ich sitze

карти́на Bild

худо́жник Künstler

же́нщина Frau

мужчи́на Mann; **ни... ни...** weder ... noch; **ма́льчик** Junge; **де́вочка** Mädchen; **просто́й** einfach; **е́сли** wenn, falls

вы ду́маете *uv* Sie denken

стена́ Mauer; **окно́** Fenster; **дверь** Tür

у́гол, угла́ Ecke; **вы ошиба́етесь** *uv* Sie irren sich; **пусто́й** leer; **есть** es gibt, ist vorhanden

бума́га Papier

Das Substantiv im Genitiv

a) Wie lautet die Genitivendung der weiblichen Substantive?

карти́ны
стены́
Та́ни

Welche Substantive haben einen nicht palatalen Stammauslaut und im Schriftbild die Endung -ы? Welche haben einen palatalen Stammauslaut?

b) Die männlichen und sächlichen Substantive gehören derselben Deklinationsklasse an und haben daher die gleiche Endung. Welche?

сту́ла
го́стя

у́тра
мо́ря

Auch hier gibt es im Schriftbild die Unterscheidung zwischen palatalem und nicht palatalem Stammauslaut.

У меня были гости — воры. Знаете, у меня теперь ничего нет. У меня нет телевизора, (хорошего, впрочем, никогда не было). У меня нет старого радио, и я теперь пишу без компьютера. Ни одной вилки, ни одной ложки не осталось, ни стакана, ни тарелки (зато воры теперь обедают культурно). Нет стула, нет стола, нет занавески, нет ковра. Нет одежды у меня! Да, да, да, у меня одежды нет! Я, абсолютно голый, сижу и пишу. Подробности вас, наверно, не интересуют. Нет моей картины, на которой никогда не было изображения. Это картина известного, русского художника, знаете? На ней нет красивой женщины, даже некрасивой женщины нет. Нет ни мужчины, нет ни мальчика, ни девочки. Простая картина, знаете... Малевича... знаете? Да?... Нет?! А если вы думаете, что у меня нет ничего... ни стены, ни окна, ни двери, ни одного угла, то вы ошибаетесь. Квартира пуста, но она есть.

Нет моей семьи. Нет жены, нет сына, нет дочки. А куда они ушли? Чёрт знает, куда. И сосед исчез. А, вот и бумаги нет...

Die Endung des männlichen Substantivs

-a [ə] unbetont, [a] betont
Die Endung **-a** wird an den Stamm angefügt. Im Schriftbild unterscheidet man zwei Endungen:
  -a, wenn der Stammauslaut nicht palatal ist,
  -я, wenn er palatal ist.

Rechtschreibregel: Die Funktion des weichen Zeichens **ь** vom Nominativ ist im **-я** enthalten.

Bei Wörtern, die in der letzten Silbe den Vokal **-o** oder **-e/-ё** haben, fällt dieser ab dem Genitiv häufig aus.

сту́ла [ˈstuɫə] *стул* Stuhl
Der Stamm endet auf den nicht palatalen Konsonanten [ɫ]. Somit ergibt sich im Schriftbild:

-Konsonant + a

го́стя [ˈgostʲə] *гость* Gast
Der Stamm endet auf den palatalen Konsonanten [tʲ]. Im Schriftbild sehen wir:

-Konsonant + я

у́гол, угла́	Ecke
оте́ц, отца́	Vater
день, дня	Tag
лев, льва	Löwe
лёд, льда	Eis

Die Endung des sächlichen Substantivs lautet wie die des männlichen.

-a [ə] unbetont, [a] betont
Ist der Stammauslaut nicht palatal, folgt die Endung **-a**.

Ist der Stammauslaut jedoch palatal, sehen wir im Schriftbild die Endung **-я [ə]**.

Die Substantive auf **-мя** bilden den Genitiv auf **-ени**.

у́тра [ˈutrə] *у́тро* Morgen
Der Stammauslaut [r] ist nicht palatal. Im Schriftbild sehen wir:

-Konsonant + a

мо́ря [ˈmorʲə] *мо́ре* Meer
Der Stamm endet auf den palatalen Konsonanten [rʲ]. Man schreibt:

-Konsonant + я

| вопро́с вре́мени | eine Frage der Zeit |
| вы́бор и́мени | die Namenswahl |

Die Endung des weiblichen Substantivs: -ы

Im Schriftbild unterscheidet man:
-ы nach nicht palatalem Stammauslaut, die Aussprache ist betont und unbetont [ɨ];
-и nach palatalem Stammauslaut [i] in betonter und unbetonter Stellung.

мо́ды [ˈmodɨ] *мо́да* Mode
Der Stamm endet auf den nicht palatalen Konsonanten [d]. Man schreibt:

-Konsonant + ы

На́ди [ˈnadʲi] *На́дя* Nadja
Der Stamm endet auf den palatalen Konsonanten [dʲ]. Im Schriftbild sehen wir:

-Konsonant + и

Das Substantiv im Genitiv

Die Substantive auf **-ия** haben die Endung **-ии** [ii].

Ausspracheregel
Nach **-к**, **-г**, **-х** sprechen und schreiben wir **-и**.

Rechtschreib- und Ausspracheregel
Beim Stammauslaut auf **ш**, **ж** schreibt man **-и**. Die Aussprache lautet jedoch [ɨ]!

фотогра́ф**ии** [fətɐ'grafʲii] *фотогра́фия* Fotografie

апте́к**и** [ɐpʲtʲekʲi] *апте́ка* Apotheke
кни́г**и** ['kʲnʲigʲi] *кни́га* Buch

Ната́ш**и** [nɐ'taʂɨ] *Ната́ша* Natascha
прода́ж**и** [prɐ'daʐɨ] *прода́жа* Verkauf

Die Gruppe der weiblichen Substantive auf -ь bildet den Genetiv auf -и.
до́ч**ь**, до́ч**ери** die Tochter, der Tochter
ма́т**ь**, ма́т**ери** die Mutter, der Mutter
Achten Sie auf die Stammerweiterung **-ер-**.

кли́мат Сиби́р**и** Klima Sibiriens
буке́т сире́н**и** Fliederstrauß
две но́ч**и** zwei Nächte
цель жи́зн**и** Lebensziel
жизнь без це́л**и** Leben ohne Ziel

Die Substantive auf **-a**, die dem natürlichen Geschlecht nach männlich sind, werden wie die weiblichen dekliniert.

маши́на **дя́ди** das Auto des Onkels
подру́га **Ва́ни** Wanjas Freundin
соба́ка **Алёши** Aljoschas Hund
кни́га **Серёжи** Serjoschas Buch

Lesen Sie den gesamten Text. Für den noch unbekannten schwarz gedruckten Teil gibt es eine Vokabelhilfe mit einer farblichen Markierung für das grammatische Geschlecht: **weiblich**, **männlich**, **sächlich**.

«Отрица́тельная» исто́рия

У меня были гости — воры. Знаете, у меня теперь ничего нет. У меня нет телевизора, (хоро́шего, впро́чем, никогда́ не́ было). У меня нет старого радио, и я теперь пишу без компьютера. Ни одно́й ви́лки, ни одно́й ло́жки не оста́лось, ни стака́на, ни таре́лки (зато́ во́ры тепе́рь обе́дают культу́рно). Нет стула, нет стола, нет занавески, нет ковра. Нет одежды у меня! Да, да, да, у меня нет одежды. Я, абсолютно голый, сижу и пишу. Подро́бности Вас, наве́рно, не интересу́ют. Нет моей картины, на кото́рой никогда́ не́ было изображе́ния. Это картина изве́стного, русского художника, знаете? На ней нет краси́вой женщины, да́же некраси́вой же́нщины нет. Нет мужчины, нет ни мальчика, ни девочки. Простая картина, знаете... Малевича... знаете? Да?... Нет?! А если вы думаете, что у меня нет ничего... ни стены, ни окна, ни двери, ни одного́ угла, то вы ошибаетесь. Квартира пуста, но она есть. Нет мое́й семьи́. Нет жены́, нет сы́на, нет до́чки. А куда́ они́ ушли́? Чёрт зна́ет, куда. И сосе́д исче́з. А, вот и бумаги нет...

отрица́тельный verneinend; **исто́рия** Geschichte

хоро́ший gut; **впро́чем** übrigens
никогда́ (не) niemals

одна́ eine; **ви́лка** Gabel; **ло́жка** Löffel
оста́лось *v* es blieb übrig; **стака́н** Glas; **таре́лка** Teller; **зато́** dafür; **обе́дают** *uv* sie essen; **культу́рно** manierlich

подро́бность Einzelheit
наве́рно wahrscheinlich; **интересу́ют** *uv* sie interessieren
изображе́ние Darstellung, Abbildung
изве́стный berühmt
краси́вый schön
да́же sogar; **некраси́вый** hässlich

оди́н ein; **семья́** Familie

жена́ (Ehe-)Frau; **сын** Sohn; **до́чка** Tochter; **куда́** wohin; **они́ ушли́** *v* sie sind (weg-) gegangen; **чёрт зна́ет** *uv* der Teufel weiß; **сосе́д** Nachbar; **исче́з** *v* er verschwand

Das Adjektiv im Genitiv

a) Wie lautet die Genitivendung der weiblichen Adjektive? Wie unterscheidet man einen nicht palatalen Stammauslaut von einem palatalen?

> изве́стной
> ма́ленькой
> ле́тней
> после́дней

b) Die Genitivendungen der männlichen und sächlichen Adjektive fallen zusammen.

> изве́стного изве́стного
> ма́ленького ма́ленького
> зи́мнего зи́мнего
> после́днего после́днего

Welche Endung folgt auf den palatalen Stammauslaut?

Die Endung des weiblichen Adjektivs lautet: -ой

Wenn der Stammauslaut nicht palatal ist, schreibt man -ой. Aussprache unbetont [əj], betont [oj].

Ist der Stammauslaut jedoch palatal, folgt die unbetonte Endung -ей [ıj].

Rechtschreibregel

Beim Stammauslaut auf ш und ж schreiben wir die Endung -ей, wenn sie unbetont ist.
In betonter Stellung schreibt man -ой.

У меня были гости — воры. Знаете, у меня теперь ничего нет. У меня нет телевизора, (хоро́шего, впрочем, никогда не было). У меня нет ста́рого радио, и я теперь пишу без компьютера. Ни одно́й вилки, ни одно́й ложки не осталось, ни стакана, ни тарелки (зато воры теперь обедают культурно). Нет стула, нет стола, нет занавески, нет ковра. Нет одежды у меня! Да, да, да, у меня нет одежды. Я, абсолютно голый, сижу и пишу. Подробности вас, наверно, не интересуют. Нет мое́й картины, на которой никогда не было изображения. Это картина изве́стного, ру́сского художника, знаете? На ней нет краси́вой женщины, даже некраси́вой женщины нет [...]

краси́вой [krɐ'sʲivəj] *краси́вая* schöne
пусто́й [pʊsˈtoj] *пуста́я* leer
Die Adjektive enden auf einen nicht palatalen Konsonanten. Im Schriftbild sehen wir:

> -Konsonant + ой

сре́дней [ˈsrʲednʲij] *сре́дняя* mittlere
Das Adjektiv endet auf den palatalen Konsonanten [nʲ]. Im Schriftbild sehen wir:

> -Konsonant + ей

ста́ршей	[ˈstarʂəj]	älter
све́жей	[ˈsvʲeʐəj]	frisch
большо́й	[bɐlʲˈʂoj]	groß

Die Endung des männlichen und sächlichen Adjektivs: -ого

a) Wenn der Stammauslaut nicht palatal ist, lautet die Endung **-ого**: [əvə] unbetont, [ovə] betont.

ста́р**ого**	[ˈstarəvə]	alt
ру́сск**ого**	[ˈruskəvə]	russisch
чуж**о́го**	[tɕʊˈʐovə]	fremd

Der Stamm endet auf einen nicht palatalen Konsonanten. Man schreibt:

-Konsonant + ого

b) Ist der Stammauslaut palatal, lautet die Endung **-его** [ɪvə]. Diese ist nie betont.

ра́нн**его** [ˈranʲɪvə] früherer

Der Stamm endet auf den palatalen Konsonanten [nʲ]. Im Schriftbild sehen wir:

-Konsonant + его

Rechtschreibregel: Beim Stammauslaut auf **ш** und **ж** schreiben wir die Endung **-его**, wenn sie unbetont ist.
In betonter Stellung schreibt man **-ого**.

ста́рш**его**	[ˈstarʂəvə]	alt
све́ж**его**	[ˈsvʲeʐəvə]	frisch
больш**о́го**	[bɐlʲˈʂovə]	groß

Possessivpronomen

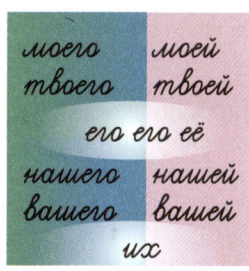

Demonstrativpronomen

Personalpronomen (кого?)

меня́   нас
тебя́   вас
его́, его́, её   их

Logisches Subjekt	**Татья́ны** нет до́ма.	Tatjana ist nicht zu Hause.
	У **Григо́рия** но́вая маши́на.	Grigorij hat ein neues Auto.
Objekt	Жела́ем *иг* **всего́ хоро́шего**.	Wir wünschen alles Gute.
Viele Verben verlangen im Russischen und im Deutschen den gleichen Fall. Daher Vorsicht, wenn das nicht so ist: **желать, тре́бовать, боя́ться, хоте́ть** + *Gen.*	Э́то тре́бует *иг* **вре́мени**.	Das braucht Zeit.
	Ко́стя бои́тся *иг* **соба́ки**.	Kostja fürchtet sich vor dem Hund.
	У него́ нет **маши́ны**.	Er hat kein Auto.
	Я ста́рше **тебя́**.	Ich bin älter als du.
	Цветы́ **для неё**.	Die Blumen sind für sie.
	Все, **кро́ме тебя́**, зна́ют.	Alle außer dir wissen es.
	За́втракают **без него́**.	Sie frühstücken ohne ihn.
Attribut	Кварти́ра **ба́бушки** ую́тная.	Großmutters Wohnung ist gemütlich.
	Он лю́бит пить ко́фе **без са́хара**.	Er trinkt gerne Kaffee ohne Zucker.
	ча́шка **ча́я (-ю** *Partitiv*)	eine Tasse Tee
	кусо́к **са́хара (-у** *Partitiv*)	ein Stück Zucker
Umstand: Ort	**у тёти**	bei der Tante
	о́коло меня́	neben mir
	спра́ва от шка́фа	rechts vom Schrank
	недалеко́ от це́нтра	nicht weit vom Zentrum
	среди́ нас	unter uns
	из Росси́и	aus Russland
	с по́чты	von der Post
	от Берли́на **до** Пра́ги	von Berlin bis Prag
Zeit	**с** де́тства	von Kindheit an
	с апре́ля **до** [dɐ] ма́я	von April bis Mai
	до́ [do] нача́ла	vor Beginn
	по́сле рабо́ты	nach der Arbeit
	во вре́мя обе́да	zur Zeit des Essens
	о́коло девяти́ (часо́в)	gegen 9 (Uhr)
	шесто́го ма́я	am 6. Mai
Grund	**из** при́нципа	aus Prinzip
	от хо́лода	vor Kälte
	из-за боле́зни	wegen der Krankheit

G1

Wie lautet der Nominativ?	Welches Geschlecht hat das Substantiv? Ist der Stammauslaut palatal oder nicht?	**G1**

Sie haben beim Lösen dieser Aufgabe verschiedene Möglichkeiten:
• Nehmen Sie den Farbcode als Hilfe und bilden Sie die Form des Nominativs. Verdecken Sie die Lösungen ab Linie 1.
• Oder verdecken Sie ab Linie 2 und bilden Sie den Nominativ unmittelbar vom Genitiv.

Steigern Sie beim mündlichen Üben das Tempo, bis Sie die Formen flüssig bilden können. Machen Sie die Übung auch schriftlich auf einem Extrablatt.

Die Übung ist auch umgekehrt lösbar. Sie gehen vom Nominativ aus und fragen:

Wie lautet der Genitiv?	Welches Geschlecht hat das Substantiv? Ist der Stammauslaut palatal oder nicht?	**G2**

Verdecken Sie die linke Seite und bilden Sie den Genitiv mit oder ohne Hilfe des Farbcodes.

Übungen zum Genitiv

G3 | Wie lauten die Adjektive bzw. Pronomen?

• Auf welcher Silbe ist der Nominativ der männlichen Adjektivformen betont? Verdecken Sie ab Linie 1 die Lösungen.

• Gehen Sie vom Nominativ aus und bilden Sie die weiblichen Formen des Genitivs. Verdecken Sie wieder die Lösungen.

боя́ться чего? кого? sich fürchten wovor? vor wem?

Как**ого** во́лка бои́тся за́яц?
Vor welchem Wolf fürchtet sich der Hase?

Как**ой** лис**ы́** бои́тся за́яц?
Vor welchem Fuchs fürchtet sich der Hase?

	1			2
groß	большого	большо́й	....	большой
alt	старого	ста́рый	....	старой
hungrig	голодного	голо́дный	....	голодной
dünn	худого	худо́й	....	худой
gefräßig	жадного	жа́дный	....	жадной
schnell	быстрого	бы́стрый	....	быстрой
gefährlich	опасного	опа́сный	....	опасной
bissig	зубастого	зуба́стый	....	зубастой
böse	злого	злой	....	злой
grimmig	лютого	лю́тый	....	лютой
dieser	этого	э́тот	....	этой
krank	больной	больно́й	....	больной
nicht satt	несытого	несы́тый	....	несытой
unverschämt	наглого	на́глый	....	наглой
voll Flöhe	блохастого	блоха́стый	....	блохастой

G4 | Wer fürchtet sich vor wem? Bilden Sie Sätze nach folgendem Muster:

За́яц бои́тся большо́го жа́дного во́лка.
За́яц боится опа́сной лисы́.

Кого́ бои́тся косу́ля?   Reh
Кого́ боится бе́лка?   Eichhörnchen
Кого́ боится оле́нь/оленёнок?   Hirschjunges
Кого́ ты бои́шься?

Ergänzen Sie die Endungen.　　G5

Sie haben beim Lösen dieser Aufgabe verschiedene Möglichkeiten:
• Bilden Sie die Form des Genitivs und nehmen Sie die Linie 2 als Abdeckungsgrenze.
• Verdecken Sie die Lösungen ab der Linie 1 und bilden Sie die Endungen ohne Hilfe des Farbcodes.
• Falls Sie langsam einsteigen wollen, können Sie auch nur die Substantivendung ab Linie 3 verdecken.

Lesen Sie die Wortgruppen laut. Probieren Sie immer flüssiger zu lesen. Schaffen Sie es ohne Nachdenkpausen?
Bei Bedarf schreiben Sie die Übungen auf ein Extrablatt.

				1	2	3						1	2	3
нет	чист~	тарелк~	▥	ой	и		у	больш~	музе~	▥	ого	я
без	мо~	жен~	▥	ей	ы		без	хорош~	врач~	▥	его	á
у	красив~	девочк~	▥	ой	и		у	итальянск~	каф~	▥	ого	е
у	известн~	автор~	▥	ого	а		у	Национальн~	галере~	▥	ой	и
у	стар~	женщин~	▥	ой	ы		нет	свободн~	врем~	▥	ого	ени
без	летн~	одежд~	▥	ей	ы		без	наш~	дяд~	▥	его	и
у	наш~	окн~	▥	его	а		нет	нов~	книг~	▥	ой	и
нет	горяч~	вод~	▥	ей	ы		нет	хорош~	иде~	▥	ей	и
нет	рыж~	кот~	▥	его	á		у	мо~	пап~	▥	его	ы
нет	общ~	интерес~	▥	его	а		у	входн~	двер~	▥	ой	и

Wie lautet der Nominativ?　　　„Wünschen" verlangt im Russischen den Genitiv, wobei das Verb „я желаю" oder „мы желаем" nicht ausgedrückt wird.　　G6

Guten Appetit!	Прия́тного аппети́та!	прия́тн**ый**	аппетит	*Nom путь
Alles Gute!	Всего́ хоро́шего!	вс**ё**	хоро́ш**ее**	Gen пути́
Alles Gute!	Всего́ до́брого!	вс**ё**	до́бр**ое**	Dat пути́
Gute Nacht!	Споко́йной но́чи!	споко́йн**ая**	ноч**ь**	Akk путь
Gute Reise!	Счастли́вого пути́!	счастлив**ый**	**путь***	Instr путём
				Präp пути́

33

Übungen zum Genitiv

G7 Lesen Sie:

Како́го цве́та мяч?	— Он голубо́го цве́та./Он голубой.	Welche Farbe hat der Ball?
Како́й он фо́рмы?	— Он кру́глой формы./Он круглый.	Welche Form hat er?
Како́го он разме́ра?	— Он ма́ленького размера./Он маленький.	Welche Größe hat er? Wörtlich übersetzt: Von welcher Farbe, Form, Größe ist der Ball?

G8 Welche Eigenschaften können die Gegenstände in der Ellipse haben?
Schreiben Sie auf ein Extrablatt. Wiederholen Sie mündlich, auch zu einem späteren Zeitpunkt.

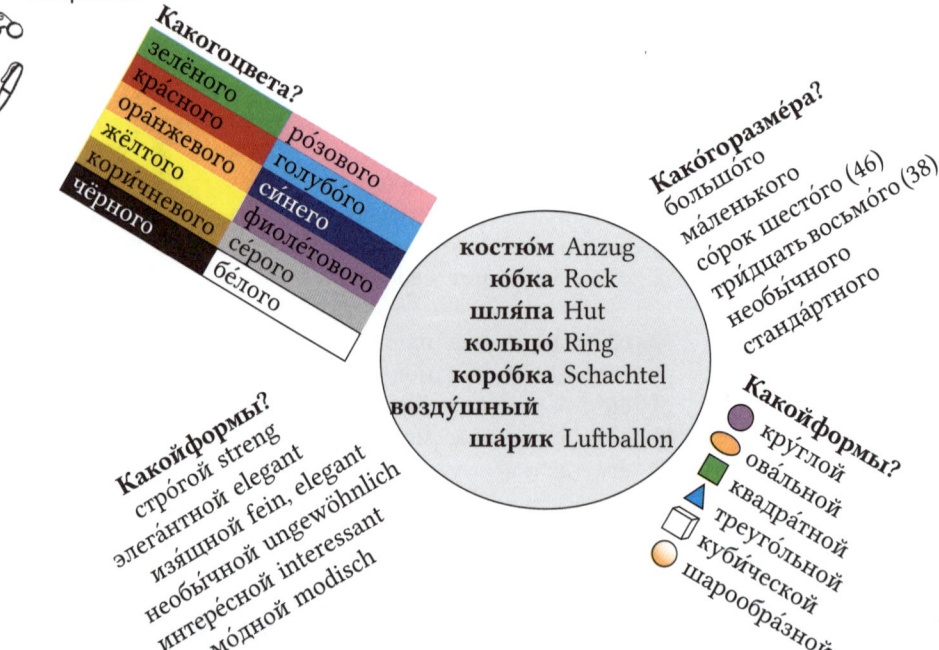

Какого цвета?
зелёного
красного
оранжевого
жёлтого
коричневого
чёрного
ро́зового
голубо́го
си́него
фиоле́тового
се́рого
бе́лого

Како́го разме́ра?
большо́го
ма́ленького
со́рок шесто́го (46)
три́дцать восьмо́го (38)
необы́чного
станда́ртного

костю́м Anzug
ю́бка Rock
шля́па Hut
кольцо́ Ring
коро́бка Schachtel
возду́шный
ша́рик Luftballon

Какой формы?
стро́гой streng
элега́нтной elegant
изя́щной fein, elegant
необы́чной ungewöhnlich
интере́сной interessant
мо́дной modisch

Какой формы?
кру́глой
ова́льной
квадра́тной
треуго́льной
куби́ческой
шарообра́зной

G9 Fragen Sie nach dem Geschlecht und der Zahl von: дедушка, дом, аптека, день, зда́ние, любо́вь, царь, Ваня nach folgendem Muster:

Како́го ро́да сло́во де́вушка?
Женского (рода).

же́нский род, **мужско́й род**, **сре́дний род**

Како́го числа́ слово девушка?
Единственного (числа).

еди́нственное число́ Einzahl
мно́жественное число́ Mehrzahl

34

Übersetzen Sie vom Russischen ins Deutsche und umgekehrt. `G10`

„nicht (da) sein"		Präpositionen + Genitiv		
Er ist nicht da.	**Его** нет.	**für** mich	**для**	меня
Wir sind nicht da.	**Нас** нет.	von dir	от	тебя
Sie sind nicht hier.	**Их** здесь нет.	**bei** ihm	у	**н**его
Sie ist nicht hier.	**Её** здесь нет.	bei ihr	у	**н**её
Ich bin nicht zu Hause.	**Меня** нет дома.	**außer** uns	**кроме**	нас
Ihr seid nicht zu Hause.	**Вас** нет дома.	außer euch	кроме	вас
Du bist nicht zu Hause.	**Тебя** нет дома.	**ohne** sie	**без**	**н**их

Ergänzen Sie die Endungen in den „haben"-Sätzen. `G11`

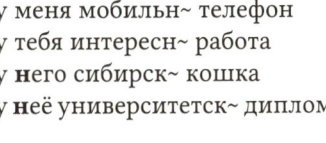

„haben"		**„nicht haben"**	
у + *Genitiv* + (есть)* + *Nominativ*		у + *Genitiv* + **нет** + *Genitiv*	
у меня мобильн~ телефон	**ый**	у меня **нет** мобильн~ телефон~	**ого а**
у тебя интересн~ работа	**ая**	у тебя **нет** интересн~ работ~	**ой ы**
у **н**его сибирск~ кошка	**ая**	у **н**его **нет** сиамск~ кошк~	**ой и**
у **н**её университетск~ диплом	**ий**	у **н**её **нет** университетск~ диплом~	**ого а**
у нас японск~ машина	**ая**	у нас **нет** японск~ машин~	**ой ы**
у вас больш~ дом	**ой**	у вас **нет** больш~ дом~	**ого а**
у **н**их вишнёв~ сад	**ый**	у **н**их **нет** вишнёв~ сад~	**ого а**

• Lesen Sie die Wortpaare links von der Trennungslinie laut und rhythmisch betont. `G12`
• Bilden Sie dann die „nicht haben"-Sätze.

Ива́н	дива́н	У Иван**а** **нет** диван**а**.
Константин	аспирин	У Константин**а** **нет** аспирин**а**.
Анна	ванна	У Анн**ы** **нет** ванн**ы**.
Ира	квартира	У Ир**ы** **нет** квартир**ы**.
Катя и Нина	машина	У Кат**и** и Нин**ы** **нет** машин**ы**.
студент	документ	У студент**а** **нет** документ**а**.

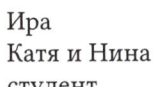

35

сосе́д	велосипе́д	У сосед**а** **нет** велосипеда.
лаке́й	мавзоле́й	У лаке**я** **нет** мавзоле**я**.
самура́й	попуга́й	У самура**я** **нет** попуга**я**.
Кирилл	крокодил	У Кирилл**а** **нет** крокодила.
дама	пижама	У дам**ы** **нет** пижам**ы**.
Рома́н	чемода́н	У Роман**а** **нет** чемодана.

G13 Üben Sie auch in Varianten ohne Reim. Iwan könnte kein Aspirin haben usw.

G14 Ergänzen Sie die Endungen. Üben Sie die Sätze, bis Sie flüssig lesen. Sie können auch schriftlich üben.

	-а	У Семён~	**нет**	при́нтерн~ патрон~.	**-ого**	**-а**
-ей **-ы**		У наш~ Ир~	**нет**	нов~ квартир~.	**-ой**	**-ы**
-ой **-ы**		У эт~ дам~	**нет**	чист~ пижам~.	**-ой**	**-ы**
-ого **-а**		У маленьк~ Антон~	**нет**	мобильн~ телефон~.	**-ого**	**-а**
-ого **-а**		У нов~ депутат~	**нет**	парла́ментск~мандат~	**-ого**	**-а**
-ого **-я**		У знаком~ самура~	**нет**	зелён~ попуга~.	**-ого**	**-я**
-ей **-ы**		У ваш~ Анн~	**нет**	больш~ ванн~.	**-ой**	**-ы**
-его **-я**		У наш~ музе~	**нет**	юбиле~.		**-я**

G15 Analysieren sie die „nicht haben"-Sätze im Präteritum.

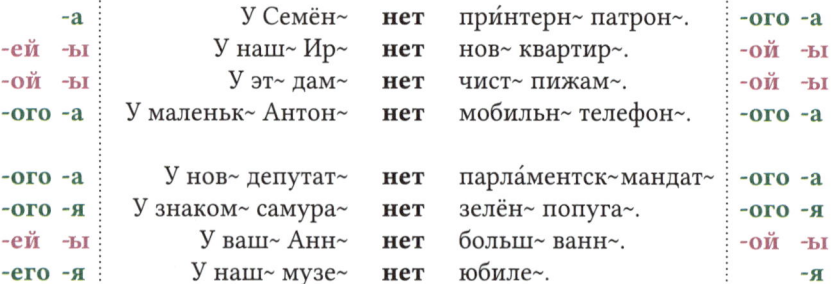

У Ма́ртына Лю́тера не́ было компью́тера.

> „Martin Luther" ist das logische Subjekt. Aus grammatischer Sicht handelt es sich jedoch um einen unpersönlichen Satz.
>
> у + *Genitiv* + **не́ было** + *Genitiv*
>
> **Не было** ist das Präteritum von **нет**, das sich aus *не + есть zusammensetzt.
>
> **Aussprache:** не́ было [ˈnʲebɨłə] wird wie ein Wort gesprochen, wobei die Betonung nur auf der ersten Silbe liegt.

G16 Die folgende Übung ist der Geläufigkeit gewidmet, daher sind keine Endungen zu ergänzen. Konzentrieren Sie sich beim Lesen ganz auf den betonten Teil des Satzes: [ˈnʲebɨlə]. **Laut lesen** bringt den größten Erfolg.

У маленьк**ого** Антон**а**   **не́было**   мобильн**ого** телефон**а**.
У Кат**и** и Нин**ы**   **не́было**   стиральн**ой** машин**ы**.
У наш**ей** Ир**ы**   **не́было**   хорош**ей** квартир**ы**.

У эт**ой** дам**ы**   **не́было**   чист**ой** пижам**ы**.
У Семён**а**   **не́было**   принтерн**ого** патрон**а**.
У Константин**а**   **не́было**   свеж**его** аспирин**а**.

G17 Bilden Sie die Nominative. Verdecken Sie die Lösungen.

из „aus" in örtlicher Bedeutung   **от … до** „von … bis" in örtlicher Bedeutung

из Росс**ии**	Росс**ия**	от Москв**ы́** до Париж**а**	Москв**а́** — Париж
из Герман**ии**	Герман**ия**	от Мюнхен**а** до Вен**ы**	Мюнхен — Вен**а**
из Итал**ии**	Итал**ия**	от Праг**и** до Бухарест**а**	Праг**а** — Бухаре́ст
из Англ**ии**	Англ**ия**		
из Франц**ии**	Франц**ия**	от Берлин**а** до Гамбург**а**	Берлин — Гамбург
из Австрал**ии**	Австрал**ия**	от Рим**а** до Венец**ии**	Рим — Венец**ия**
из Африк**и**	Африк**а**	от Нью-Йорк**а** до Киев**а**	Нью-Йорк — Киев

G18 Sie können auch umgekehrt üben und vom Nominativ ausgehend den Genitiv bilden.

G19 Formulieren Sie die Angaben zur Entfernung „von … bis"

стар**ый** центр — театр	от стар**ого** центр**а**	до театр**а**
нов**ая** ратуша — музей	от нов**ой** ратуш**и**	до музе**я**
итальянск**ий** ресторан — метро	от итальянск**ого** ресторан**а**	до метр**о** *(indekl)*
остановка трамвая — университет	от остановк**и** трамвая	до университет**а**
перв**ая** дверь — вход	от перв**ой** двер**и**	до вход**а**
центральн**ая** галерея — опера	от центральн**ой** галере**и**	до опер**ы**
наш**а** квартира — парк	от наш**ей** квартир**ы**	до парк**а**
перв**ая** остановка — конечная	от перв**ой** остановк**и**	до конечн**ой**

Übungen zum Genitiv

G20 Bilden Sie die Nominative. Verdecken Sie die Lösungen.
Achten Sie auf die Wörter mit Endbetonung und auf den Betonungswechsel.

с ... до „von ... bis" in zeitlicher Bedeutung

с утра́* до вечера	у́тро	ве́чер
с вечера до ночи	вечер	ночь
с ночи до утра́	ночь	утро
с весны́ до лета	весна́	ле́то
с осени до зимы	о́сень	зима́
с начала до конца́	начало	коне́ц
с понедельника до среды	понеде́льник	среда́
со вторника до четверга́	вто́рник	четве́рг
с пятницы до субботы	пя́тница	суббо́та
со среды до воскресенья	среда	воскресе́нье
с января́ до февраля́	янва́рь	февра́ль
с марта до апреля	март	апре́ль
с мая до июня	май	ию́нь
с июля до августа	июль	август
с сентября́ до октября́	сентя́брь	октя́брь
с ноября́ до декабря́	ноя́брь	дека́брь
с пяти́ до шести́	пять	шесть
с семи́ до восьми́	семь	во́семь
с девяти́ до десяти́	де́вять	де́сять

G21 Sie können auch umgekehrt üben. Gehen Sie vom Nominativ aus und bilden Sie die Genitivformen.

* Nur in Verbindung mit den Präpositionen **с** und **до** ist утра́ endbetont.
In folgenden Sätzen bleibt die Betonung von утро auf dem Stamm:
Доброго у́тра Вам, дорогие слушатели! С сегодняшнего у́тра начинаем делать гимнастику.

G22

- Lesen Sie den Dialog und machen Sie sich mit den unbekannten Vokabeln bekannt.
- Dann können Sie die fehlenden Endungen ergänzen.
- Lesen Sie den Dialog mehrmals laut – idealerweise zu zweit.

Шерлок Холмс и Ватсон

Vokabeln	Dialog	Lösung
чьё кольцо́ wessen Ring	В — Чьё это кольцо?	
зо́лото Gold; **то** jenes	Ш — Какое? То, что из золот~?	из золота
	В — Да.	
	Ш — Это кольцо Эдуард~.	Эдуарда
Швейца́рия Schweiz	В — Как~ Эдуарда? Эдуарда из Швейцари~?	Како́го; из
Фра́нция Frankreich	Ш — Да, нет. Он из Франци~.	Швейцарии;
	В — Вы думаете, он из Франци~?	из Франции
коне́чно natürlich	Ш — Конечно.	
	В — Нет, он из Швейцари~.	из Швейцарии
Ни́цца Nizza	Ш — Не может быть. Он из Ницц~. Там тоже	из Ниццы
попа́ло v es ist gelangt	по-французски говорят. Но как кольцо попало из Ницц~ в Лондон?	из Ниццы
случа́йно zufällig	В — Может быть случайно.	
прямо́й рейс Direktflug	Ш — Нет, случайно ничего не бывает. Посмотрите пожалуйста, есть ли прямой рейс Ницца — Лондон?	
подожди́те v warten Sie	В — Подождите, Ницца... Ницца... Лондон. Есть.	
переса́дка Umsteigen	Ш — Без пересадк~?	Без пересадки
	В — Да.	
отли́чно ausgezeichnet	Ш — Отлично.	
ва́жно wichtig	В — Это важно?	
	Ш — Нет, просто интересно.	
сейча́с jetzt	В — Но, где Эдуард сейчас?	
де́сять zehn; **он до́лжен** er muss; **це́рковь** Kirche	Ш — Он до десят~ должен быть у церкв~.	до десяти; у церкви
	В — У церкв~?	
неве́ста Braut; **она́ должна́** sie muss; **ждать** uv warten	Ш — Да. Пора. Невеста не должна ждать.	
потеря́л v er verlor	Кто потерял кольцо и где?	
нашёл v er fand	Кто нашёл его и где?	
ждёт uv er wartet	Кто ждёт у церкви?	
о чём worüber; **молчи́т** uv er schweigt	Что знает Холмс и о чём он молчит?	

Übungen zum Genitiv

Legen Sie das Buch mit dem aufgeschlagenen Text in einiger Entfernung vom Schreibtisch ab. Lesen Sie so viel vom Text, wie Sie sich merken können, und schreiben Sie ihn dann am Schreibtisch aus dem Gedächtnis auf. Haben Sie etwas vergessen oder sind Sie unsicher, gehen Sie wieder zum Text und schauen Sie nach und holen Sie sich die nächste Portion. Zum Schluss vergleichen Sie die Texte noch einmal.

1. *Lauftext*

— У твоего папы есть брат?
— Нет у него две сестры́. А у мамы нет ни брата, ни сестры.

2. *Lauftext*

— Сколько времени Вы были у бабушки? Три дня или четыре?
— Больше. Две недели.

3. *Lauftext*

— У Вашей бабушки есть чёрный пу́дель?
— Чёрного пуделя у бабушки нет, но зато есть очень красивая овча́рка.

4. *Lauftext*

— Привет, сосед. Ты опять в музей? А я в буфет. Идём вместе!
— Хорошо.
— Тут есть хорошее кафе, недалеко́ от музея, напро́тив парка культуры.

5. *Lauftext*

— У Мари́и Степа́новны есть работа?
— Да, есть, до июня. Но она работает далеко от станции метро.
— А работа интересная?
— Нет.

6. *Lauftext*

— Это подарок для меня?
— Нет.
— А для кого?
— Все, кроме тебя, знают.
— Скажи, для кого?
— У мамы сегодня день рождения.
— Ох, а я забыл!

Родительный падеж

бана́н Banane	У Ива́на нет бана́на,
кот Kater	у Ната́ши нет кота́,
зато́ dafür; **обезья́на** Affe	но зато́ есть обезья́на,
кото́рая welche; **хвост** Schwanz	у кото́рой нет хвоста́.
нет дете́й *Gen Pl* keine Kinder	Нет дете́й у тёти Га́ли,
сутя́га Querulant; **нет друзе́й** *Gen Pl* keine Freunde	у сутя́ги нет друзе́й,
глу́пый der Dumme; **печа́ль** Kummer	нет у глу́пого печа́ли,
в + *Präp* **парла́менте** im Parlament; **иде́я** Idee	нет в парла́менте иде́й.
	Нет у И́горя маши́ны,
	в на́шем до́ме ли́фта нет,
причи́на Grund	а у па́пы нет причи́ны
починить *v* richten; **на ку́хне** in der Küche;	починить на ку́хне свет.
свет Licht	

Анекдот

Два во́ра смо́трят на витри́ну ювели́рного магази́на.

— Ви́дишь то золото́е кольцо́ спра́ва? Как ты ду́маешь, ско́лько за него́ даду́т?

— Всё зави́сит от судьи́.

вор Dieb; **витри́ну** *Akk* Auslage

золото́й Gold-; **кольцо́** Ring

ско́лько за него́ *Akk* **даду́т** *v* wieviel bekommt man dafür

зави́сит *uv* **от** es hängt ab von; **судья́** *m* + *f* Richter, Richterin

Lektüre

Ваня-нахал

Шко́ла Ва́ни нахо́дится почти́ в це́нтре Москвы́. Одна́жды Ваня встреча́ет тури́ста. Хотя́ у туриста есть план го́рода, он всё-таки не мо́жет найти́ Кремль, чтобы его́ сфотографи́ровать. Этот неме́цкий турист спра́шивает у Вани, как дойти́ до Кремля́. Ваня интересу́ется:

— А что Вам ну́жно в Кремле́?
— Я хочу́ там пофотографи́ровать.
— Там, в кио́ске, есть о́чень краси́вая откры́тка с ви́дом Кремля́.
— Но на открытке нет мое́й жены́! — отвечает турист.
— Наве́рно это даже и лу́чше, — смеётся Ваня и убега́ет.

Вопро́сы Ва́ни к те́ксту

Вы всё по́няли? Объясни́те!
Всегда́ ли фотогра́фия без же́нщины лучше?
Красивая ли жена у не́мца?
Всё ли по́нял немец?
Вы немец?
Вы не́мка?

наха́л Flegel
почти́ fast
одна́жды einmal; **встреча́ет** *uv* er trifft
хотя́ obwohl
всё-таки trotzdem; **он мо́жет** *uv* er kann

дойти́ *v* gelangen zu; **интересу́ется** *uv* er interessiert sich

Вам ну́жно Sie brauchen
я хочу́ *uv* ich will

с ви́дом *Instr* mit der Ansicht

наве́рно wahrscheinlich; **лу́чше** besser; **смеётся** *uv* lacht; **убега́ет** *uv* läuft davon
вопросы *Nom Pl* Fragen

объясни́те! *v* erklären Sie!
ли Fragepartikel

Дательный падеж

Lesen Sie den Text. Bei der Vokabelhilfe ist das grammatische Geschlecht farblich gekennzeichnet: **männlich**, **weiblich**, **sächlich**.

Мужчи́на в да́мском отде́ле

К неуве́ренному покупа́телю подхо́дит продавщи́ца.

— Мужско́й отде́л нахо́дится внизу́.

— Но я хочу́ к Вам.

— Вам помо́чь?

— Мне ну́жно пла́тье.

— Пла́тье?

— Нет... я име́ю в виду́... мое́й подру́ге.

— Поня́тно. Како́й у Ва́шей подру́ги разме́р? Како́й фасо́н Вы хоти́те? Класси́ческий или по после́дней мо́де?

— Ах, ... я не зна́ю... я хочу́ ей сде́лать пода́рок ко дню рожде́ния...

— Вот, посмотри́те это пла́тье.

— Нет, нет. Это мне совсе́м не нра́вится.

— А это?

— Это лу́чше.

— Вот класси́ческий фасо́н.

— Приложи́те к себе́, пожа́луйста. Да, да... Это хоро́ший цвет.

— Вы не зна́ете, како́й разме́р у Ва́шей подру́ги?

— Она́ така́я как Вы.

— Вот краси́вое пла́тье. Мо́жет быть, оно́ ей понра́вится. Или как оно́ Вам нра́вится?

— Тру́дно сказа́ть... У меня́ про́сьба к Вам... Вы не могли́ бы это пла́тье наде́ть...

— Мм...

— Пожа́луйста...

— Ла́дно... мину́точку... (че́рез мину́ту) Вот пожа́луйста.

— Очень хорошо́... поверни́тесь... да, отли́чно.

мужчи́на Mann; **да́мский** Damen-; **отде́л** Abteilung; **к**+*Dat* zu; **неуве́ренный** unsicher; **покупа́тель** Käufer; **продавщи́ца** Verkäuferin; **подхо́дит** *uv* kommt zu; **мужско́й** Herren-; **внизу́** unten; **нахо́дится** *uv* befindet sich; **я хочу́** *uv* **к Вам** ich will zu Ihnen; **помо́чь** *v* helfen; **мне** mir; **мне ну́жно пла́тье** ich brauche ein Kleid

я име́ю *uv* **в виду́** ich meine

како́й разме́р welche Größe; **подру́га** Freundin; **фасо́н** Schnitt; **Вы хоти́те** *uv* Sie wollen

после́дний letzter; **мо́да** Mode

сде́лать *v* machen

пода́рок Geschenk; **день рожде́ния** Geburtstag; **посмотри́те** *v* schauen Sie

совсе́м überhaupt; **э́то не нра́вится** *uv* das gefällt nicht

лу́чше besser

приложи́те *v* **к себе́** halten Sie (es) zu sich
цвет Farbe

понра́вится *v* es wird gefallen

тру́дно сказа́ть *v* schwer zu sagen
Вы не могли́ *uv* **бы** könnten Sie nicht
наде́ть *v* anziehen

мину́точку einen Moment (**мину́точка** Minütchen); **че́рез** in *zeitl*
поверни́тесь *v* drehen Sie sich um
отли́чно ausgezeichnet

Das Substantiv im Dativ

— Я предлага́ю Вам к этому платью ещё по́яс.

— Да, да. Хорошо. Скажите, пожалуйста, Вам лично нравится это платье?

— Очень, конечно.

— Вы носи́ли бы такое платье?

— Носила бы, если бы зарпла́та была вы́ше.

— Правда? Тогда, позво́льте, я Вам подарю́ его.

— Как? А Ваша подруга?

— Какая подруга?

я предлага́ю *uv* ich schlage vor
по́яс Gürtel

ли́чно persönlich
коне́чно natürlich
Вы носи́ли *uv* **бы** Sie würden tragen
е́сли wenn; **зарпла́та** Gehalt
вы́ше höher
пра́вда wirklich; **позво́льте** *v* erlauben Sie; **я подарю́** *v* ich werde schenken

Analysieren Sie die farblich unterlegten Substantivendungen im Dativ.

a) Wie lautet die Dativendung der weiblichen Substantive?

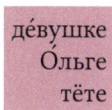

Sie haben sicher bemerkt, dass es auch im Schriftbild nur eine Endung gibt. Es spielt also keine Rolle, ob der Stammauslaut palatal ist oder nicht.

b) Männliche und sächliche Substantive haben die gleichen Endungen. Welche?

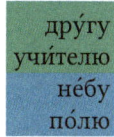

К неуверенному покупателю подходит продавщица.
— Мужской отдел находится внизу.
— Но я хочу к Вам.
— Вам помочь?
— Мне нужно платье.
— Платье?
— Нет... я имею в виду... моей подруге.
— Понятно. Какой у Вашей подруги размер? Какой фасон Вы хотите? Классический или по последней моде?
— Ах, ... я не знаю... я хочу ей сделать подарок ко дню рождения...
— Вот, посмотрите это платье.
— Нет, нет. Это мне совсем не нравится.
[...]
— Вот красивое платье. [...] Я предлагаю Вам ещё пояс к этому платью. [...]

Die Substantivendungen im Dativ

Die Endung des männlichen Substantivs
-у [ʊ] unbetont, [u] betont
Die Endung **-у** wird an den Stamm angefügt. Im Schriftbild unterscheidet man zwei Endungen:
-у, wenn der Stammauslaut nicht palatal ist,
-ю, wenn er palatal ist.

Rechtschreibregel
Die Funktion des weichen Zeichens **ь** vom Nominativ ist im **-ю** enthalten.

дру́гу [ˈdruɡʊ] *друг* Freund
Der Stamm endet auf den nicht palatalen Konsonanten [g]. Somit ergibt sich im Schriftbild folgendes Schema:

-Konsonant + у

покупа́телю [pəkʊˈpatʲɪlʲʊ] *покупа́тель* Käufer
Der Stamm endet auf den palatalen Konsonanten [lʲ]. Im Schriftbild sehen wir:

-Konsonant + ю

Das Substantiv im Dativ

Die Vokale -o/-ë und -e der letzten Silbe fallen ab dem Genitiv häufig aus.

ребёнок	ребёнку	Kind
немец	немцу	Deutscher
китаец	китайцу	Chinese
отец	отцу	Vater
рынок	рынку	Markt
день	дню	Tag
лев	льву	Löwe
Лев	Льву	Lew (Name)

Die Endung des sächlichen Substantivs lautet wie die des männlichen: -y
[ʊ] unbetont, [u] betont
Die Endung lautet -y, wenn der Stammauslaut nicht palatal ist.

небу ['nʲɛbʊ] небо Himmel
Der Stammauslaut [b] ist nicht palatal. Es ergibt sich im Schriftbild folgendes Schema:

-Konsonant + y

Ist der Stammauslaut palatal, finden wir im Schriftbild die Endung -ю [ʊ].

горю ['gorʲʊ] горе Kummer, Leid
Das Substantiv endet auf den palatalen Konsonanten [rʲ]. Das Schema im Schriftbild ist:

-Konsonant + ю

Die sächlichen Substantive auf -мя bilden den Dativ wie den Genitiv auf -ени.

по летнему времени nach der Sommerzeit
звать по имени mit dem Vornamen anreden

Die Endung des weiblichen Substantivs -e [ɪ] unbetont, [e] betont
Die Endung -e gilt für alle weiblichen Substantive, auch für solche mit nicht palatalem Stammauslaut.

картине [kɐrˈtʲinʲɪ] картина Bild
Тане ['tanʲɪ] Таня Tanja
Die Endung ist immer -e.

-Konsonant + e

Ausspracheregel: Vor -e werden alle Endkonsonanten palatal gesprochen. Nur ш, ж, ц sind nicht palatal. Das bedeutet: Aussprache und Schriftbild stimmen nicht überein.

Наташе [nɐˈtaʂə] Наташа Natascha
продаже [prɐˈdaʐə] продажа Verkauf
продавщице [prɐdɐfˈɕːitsə] продавщица Verkäuferin

Die Substantive auf -ия haben die Endung -ии.

Марии [mɐˈrʲiɪ] Мария Maria

Die Gruppe der weiblichen Substantive auf **-ь** bildet den Dativ auf **-и**.

дочь	до́чери	die Tochter, der Tochter
мать	ма́тери	die Mutter, der Mutter

Die Substantive auf **-a**, die nach dem natürlichen Geschlecht männlich sind, werden wie die weiblichen Substantive dekliniert.

к смерте́льной дуэ́ли · zum tödlichen Duell
к после́дней моде́ли · zum letzten Modell
к на́шей ро́ли · zu unserer Rolle
к све́жей форе́ли · zu frischer Forelle
к но́вой карусе́ли · zum neuen Karussell

к на́шему па́пе · zu unserem Papa
к больно́му де́душке · zum kranken Großvater
к дру́гу Ко́ле · zu Freund Kolja
к Ми́ше [ˈmʲiʂə] · zu Mischa

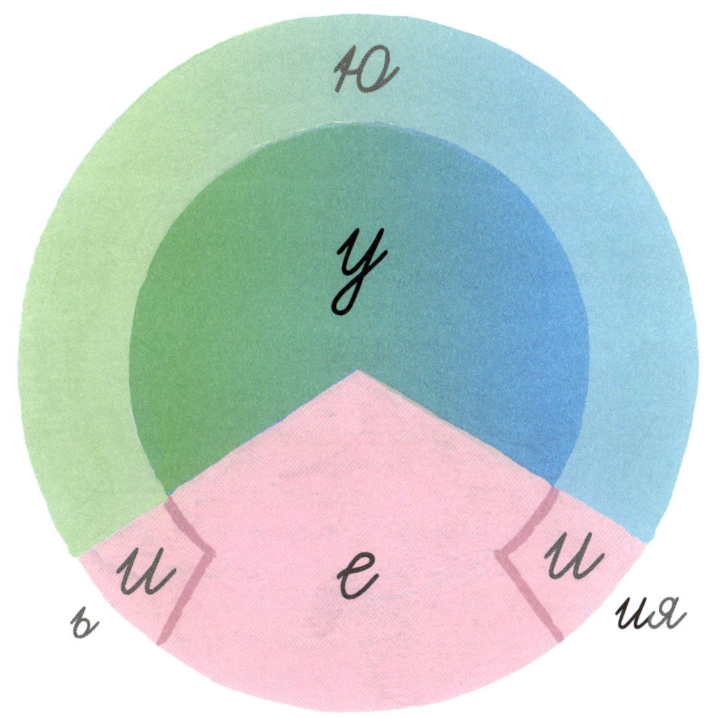

47

Das Adjektiv im Dativ

Analysieren Sie die Endungen der farblich unterlegten Wörter im Dativ.

a) Wie lautet die Dativendung der weiblichen Adjektive? Welche Endung markiert den palatalen Stammauslaut?

> свобо́дной
> дорого́й
> сре́дней

b) Die Endung der männlichen und sächlichen Adjektive ist die gleiche. Welche Endung markiert den nicht palatalen Stammauslaut?

> свобо́дному свобо́дному
> дорого́му дорого́му
> сре́днему сре́днему

Die Endung des weiblichen Adjektivs lautet: -ой

unbetont [əj] und betont [oj]
Im Schriftbild gibt es zwei Möglichkeiten. Die Endung lautet -ой, wenn der Stammauslaut nicht palatal ist.

Ist der Stammauslaut jedoch palatal, lautet die Endung -ей [ɪj].

Rechtschreibregel

Beim Stammauslaut auf ш und ж schreiben wir die Endung -ей, wenn sie unbetont ist.
In betonter Stellung schreibt man -ой.

К неуве́ренному покупателю подходит продавщица.
— Мужской отдел находится внизу.
— Но я хочу к Вам.
— Вам помочь?
— Мне нужно платье.
— Вам?
— Нет... я имею в виду... моей подруге.
— Понятно. Какой у Вашей подруги размер? Какой фасон Вы хотите? Классический или по последней моде?
— Ах, ... я не знаю... я хочу ей сделать подарок ко дню рождения... [...]

жёлтой [ˈʐoltəj] жёлтая gelb
Der Stamm endet auf den nicht palatalen Konsonanten [t]. Im Schriftbild zeigt sich also:

> -Konsonant + ой

ни́жней [ˈnʲizṇʲɪj] ни́жняя Nieder-, Unter-
Der Stamm endet auf den palatalen Konsonanten [nʲ].
Die Regel im Schriftbild lautet also:

> -Konsonant + ей

мла́дшей	[ˈmɫatʂəj]	jünger
рыжей	[ˈrɪʐəj]	rothaarig
большо́й	[bɐlʲˈʂoj]	groß
чужо́й	[tɕʊˈʐoj]	fremd

Die Endung des männlichen und sächlichen Adjektivs: -ому

a) Wenn der Stammauslaut nicht palatal ist, lautet die Endung -ому:
[əmʊ] unbetont, [omʊ] betont.

мо́дному	['modnəmʊ]	modisch
молодо́му	[məɫɐ'domʊ]	jung
чужо́му	[tɕʊ'ʐomʊ]	fremd

Der Stamm endet auf nicht palatale Konsonanten. Man schreibt:

-Konsonant + ому

b) Ist der Stammauslaut palatal, lautet die Endung -ему [ɪmʊ]. Diese ist nie betont.

ра́ннему ['ranʲɪmʊ] früherer

Der Stamm endet auf den palatalen Konsonanten [nʲ]. Im Schriftbild sehen wir:

-Konsonant + ему

Rechtschreibregel: Beim Stammauslaut auf ш und ж schreiben wir die Endung -ему, wenn sie unbetont ist.
In betonter Stellung schreibt man -ому.

хоро́шему	[xɐ'roʂəmʊ]	gut
ры́жему	['rɨʐəmʊ]	rothaarig
большо́му	[bɐlʲ'ʂomʊ]	groß

Possessivpronomen

моему́ мое́й
твоему́ твое́й
его́ его́ её́
на́шему на́шей
ва́шему ва́шей
их

Demonstrativpronomen

э́тому э́той

Personalpronomen (кому?)

мне нам
тебе́ вам
ему́, ему́, ей им

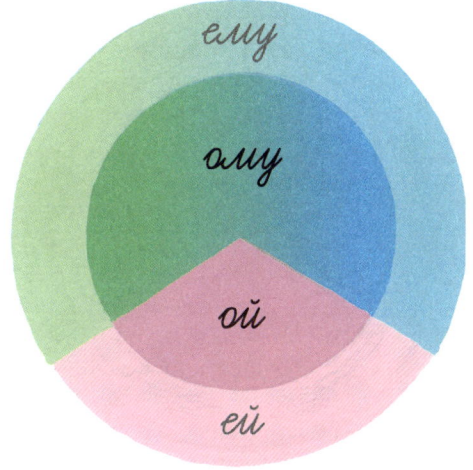

ему
ому
ой
ей

Funktionen des Dativs im Satz

Logisches Subjekt	**Мне** везёт *uv.*	Ich habe Glück.
	Тебе́ уда́стся *v.*	Es wird dir gelingen.
	Ему́ пло́хо.	Ihm ist schlecht.
	Ей ну́жно/на́до уходи́ть *uv.*	Sie muss gehen.
	Нам нельзя́ входи́ть *uv.*	Wir dürfen nicht hineingehen.
	Вам мо́жно уйти́ *v.*	Ihr könnt gehen.
	Им ну́жен но́мер телефо́на.	Sie brauchen die Telefonnummer.
	Константи́ну три го́да.	Konstantin ist drei Jahre alt.
	Шко́ле то́лько оди́н год.	Die Schule ist erst ein Jahr alt.
Objekt Viele Verben verlangen im Russischen und im Deutschen den gleichen Fall. Vorsicht u. a. bei: **мешать, звонить завидовать** + *Dat.*	отвеча́ть *uv* **дру́гу**	dem Freund antworten
	дава́ть *uv* **ребёнку** шокола́дку	dem Kind eine Schokolade geben
	меша́ть *uv* **подру́ге**	die Freundin stören
	звони́ть *uv* **тёте**	die Tante anrufen
	зави́довать *uv* **актёру**	den Schauspieler beneiden
	звоно́к **отцу́**	der Anruf für den Vater
	пода́рок **ба́бушке**	das Geschenk für die Großmutter
	письмо́ **учи́телю**	der Brief an den Lehrer
Attribut	уро́к по **грамма́тике**	die Grammatikstunde
	па́мятник **Достое́вскому**	das Dostojewski-Denkmal
Umstand **Ort**	подходи́ть *uv* **к до́му**	zum Haus (hin-)gehen
	ходи́ть *uv* **по у́лице**	die Straße entlanggehen
Zeit	**к ве́черу**	gegen Abend
Art und Weise	посыла́ть *uv* **по по́чте**	per Post schicken
	узнава́ть *uv* **по го́лосу**	an der Stimme erkennen
Grund	**по** боле́зни	krankheitshalber
	по глу́пости	aus Dummheit
	благодаря́ твое́й по́мощи	dank deiner Hilfe

Wie lautet der Nominativ?	Welches Geschlecht hat das Substantiv? Ist der Stammauslaut palatal oder nicht?

Sie haben beim Lösen dieser Aufgabe verschiedene Möglichkeiten:
• Verdecken Sie die rechte Seite ab der Linie 1. Bilden Sie den Nominativ. Der Farbcode hilft Ihnen bei der Bestimmung des Geschlechts.
• Verdecken Sie die rechte Seite ab der Linie 2 und bilden Sie wieder den Nominativ.

Steigern Sie beim mündlichen Üben das Tempo, bis Sie die Formen flüssig bilden können. Machen Sie die Übung auch schriftlich auf einem Extrablatt.

2	1			2	1	
Сергею		Сергей	платью			платье
вечеру		вечер	покупателю			покупатель
Кате		Катя	осени			осень
Ивáну		Ивáн	отцý			отéц
Андрею		Андрей	времени			время
утру		утро	химии			химия
костюму		костюм	Наташе			Наташа
Марии		Мария	дню			день
сыну		сын	России			Россия
солнцу		солнце	церкви			церковь
одежде		одежда	трамваю			трамвай
ночи		ночь	Игорю			Игорь
семьé		семья́	Кремлю́			Кремль
имени		имя	Николаю			Николай
любви́		любóвь	продавщи́це			продавщи́ца

Die Übung ist auch umgekehrt lösbar. Sie gehen vom Nominativ aus und fragen:

Wie lautet der Dativ?	Welches Geschlecht hat das Substantiv? Ist der Stammauslaut palatal oder nicht?

Verdecken Sie die linke Seite und bilden Sie den Dativ mit oder ohne Hilfe des Farbcodes.

Übungen zum Dativ

D3 Wie lauten die Adjektive bzw. Posses-   Verdecken Sie die Lösungen. Achten Sie auf
sivpronomen?   die Betonungen.

• Auf welcher Silbe sind die weiblichen Formen der Adjektive betont?
Bilden Sie den Nominativ. Verdecken Sie ab Linie 1 die rechte Seite.
• Gehen Sie vom Nominativ aus und bilden Sie die weiblichen Formen des Dativs.
• Wie lautet die männliche Form im Dativ? Verdecken Sie ab Linie 2 die Lösungen.

Какой подру́ге?   Какому дру́гу?
Welcher Freundin?   Welchem Freund?

		1		2	
andere(-r)	другой	друга́я	....		другому
lieb	милой	ми́лая	....		милому
gut	хорошей	хоро́шая	....		хорошему
sportlich	спортивной	спорти́вная	....		спортивному
dick	толстой	то́лстая	....		толстому
dünn	худой	худа́я	....		худому
klug	умной	у́мная	....		умному
geduldig	терпеливой	терпели́вая	....		терпеливому
treu	верной	ве́рная	....		верному
mein	моей	моя́	....		моему́
unser	нашей	на́ша	....		нашему
sein	его	его́	....		его

D4 Beachten Sie Aussprache- und Rechtschreibregeln.

1. Welche Adjektive sind endbetont? Das **o** in der Endung wird [o] gesprochen.
2. Bei welchen Adjektiven ist das **o** in der Endung reduziert zu [ɐ]?

3. Wo stimmen Schriftbild und Aussprache nicht überein?

хорошему [xɐˈroʂəmʊ] хорошей [xɐˈroʂəj]
нашему [ˈnaʂəmʊ] нашей [ˈnaʂəj]

52

D5

Ergänzen Sie die Endungen.

Sie können die Übung unterschiedlich schwierig gestalten:

• Verdecken Sie die rechte Seite ab Linie 1, also nur die Substantivendung.
• Verdecken Sie ab Linie 2 die rechte Seite. Der Farbcode bleibt als Hilfe bei der Bestimmung des Geschlechtes.
• Verdecken Sie ab Linie 3 die rechte Seite.

Lesen Sie die Wortgruppen laut. Probieren Sie immer flüssiger zu lesen, bis Sie es ohne Nachdenkpausen schaffen.
Schreiben Sie die Wortgruppen auf ein Extrablatt.

		3	2	1
молод~	студент~	🟩	ому	у
тво~	истори~	🟪	ей	и
красив~	продавщиц~	🟪	ой	е
известн~	писател~	🟩	ому	ю
наш~	врем~	🟦	ему	ени

наш~	дедушк~	🟩	ему	е
Нижн~	Но́вгород~	🟩	ему	у
рыж~	лис~	🟪	ей	е
общ~	вопрос~	🟩	ему	у
зимн~	одежд~	🟪	ей	е

			3	2	1
к	хорош~	специалист~	🟩	ему	у
к	наш~	музе~	🟩	ему	ю
к	русск~	церкв~	🟪	ой	и
к	Красн~	площад~	🟪	ой	и
к	холо́дн~	зим ~	🟪	ой	е

по	дру́жеск~	сове́т~	🟩	ому	у
по	прав~	бе́рег~	🟩	ому	у
по	лев~	сторон~	🟪	ой	е́
по	францу́зск~	мод~	🟪	ой	е
по	Ваш~	мнени~	🟦	ему	ю

Übungen zum Dativ

D6 Verbinden Sie die zusammengehörigen Wörter. Dabei entsteht das daneben skizzierte Muster.

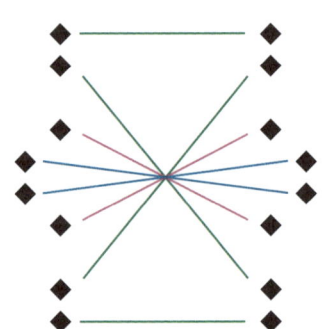

к Историческому	музею
к зубному	са́ду
по последней	площади
по синему	мнению
по нашему	морю
по Красной	моде
к ботаническому	врачу́
по левому	бе́регу

D7 Übersetzen Sie vom Russischen ins Deutsche und umgekehrt.

Вы ко мне **по како́му вопро́су?** — **Mit** welcher Frage
По како́му уче́бнику Вы занимаетесь? — **Nach** welchem Lehrbuch
По како́му предме́ту сдаёшь экзамен? — **Zu** welchem Gegenstand
По како́й причи́не ты не пришла? — **Aus** welchem Grund

Как, **по-тво́ему**, это произошло? — ... deiner Meinung **nach**
По како́му по́воду идёт спор? — **Aus** welchem Anlass
По како́му но́меру можно тебе позвонить? — **Unter** welcher Nummer
По како́му пра́ву ты меня беспокоишь? — **Mit** welchem Recht

D8 Ergänzen Sie die Endungen und übersetzen Sie vom Russischen ins Deutsche und umgekehrt.

определить v **по цве́т~**	-у	der Farbe **nach** bestimmen
узнать v **по похо́дк~**	-е	**am** Gang erkennen
узнать v **по го́лос~**	-у	**an** der Stimme erkennen
похож/-а **по мане́р~**	-е	ähnlich **in der Art**
похож/-а **по во́зраст~**	-у	ähnlich alt
узнать v **по вое́нн~ фо́рм~**	-ой -е	**an** der Militäruniform erkennen

Übersetzen Sie vom Russischen ins Deutsche und umgekehrt. **D9**

Он **мне** регуля́рно звони́т.
Я **тебе́** меша́ю?
Она́ пока́зывает **ему́** план.
На́дя **ей** зави́дует.

Вы **нам** помо́жете?
Вам всё поня́тно?
Им бу́дет интере́сно.

Er ruft mich regelmäßig an.
Störe ich dich?
Sie zeigt ihm den Plan.
Nadja beneidet sie.

Werden Sie uns helfen?
Ist für Sie alles verständlich?
Es wird für sie interessant sein.

Analysieren Sie die russische Konstruktion für „brauchen". **D10**

Präsens

Dativ + ну́же**н** + *Nominativ männlich*
Dativ + нужн**а́** + *Nominativ weiblich*
Dativ + ну́жн**о** + *Nominativ sächlich*

Ей нуже**н** но́в**ый** слова́рь.
 Sie braucht ein neues Wörterbuch.
Ему́ нужн**а** но́в**ая** кни́га.
 Er braucht ein neues Buch.
Им нужн**о** разреше́ни**е**.
 Sie brauchen die Erlaubnis.

— Че**й** э́то слова́р**ь**?
— Мо**й**.
— Он **Вам** сейча́с **ну́жен**?
— Он **мне** пока́ не **ну́жен**, возьми́те, е́сли хоти́те!

— Чь**я** э́то бума́г**а**?
— Мо**я́**.
— Она́ **Вам** вс**я** **нужна́**?
— Она́ **мне** не вс**я** **нужна́,** возьми́те два, три листа́, е́сли хоти́те.

Präteritum

Dativ + ну́же**н** был + *Nominativ männlich*
Dativ + нужн**а́** была́ + *Nominativ weiblich*
Dativ + ну́жн**о** бы́ло + *Nominativ sächlich*

Заче́м **тебе́** был ну́жен слова́рь?
Заче́м **Вам** была́ нужна́ э́та кни́га?
Заче́м **ему́** бы́ло ну́жно разреше́ние?

Futur

Dativ + ну́же**н** бу́дет + *Nominativ männlich*
Dativ + нужн**а́** бу́дет + *Nominativ weiblich*
Dativ + ну́жн**о** бу́дет + *Nominativ sächlich*

— Чь**ё** э́то пальт**о́**?
— Мо**ё**.
— Оно́ **тебе́** сейча́с **ну́жно**?
— Оно́ пока́ **мне** не **ну́жно**, возьми́ его́, е́сли хо́чешь, но че́рез час верни́, потому́ что оно́ **мне бу́дет ну́жно**.

Übungen zum Dativ

D11 Ergänzen Sie die Endungen.

Что Вам нужно?

Мне нуж~ верн~ друг.	нужен ый
Тебе нуж~ русск~ словарь.	нужен ий
Ему нуж~ российск~ виза.	нужна ая
Ей нуж~ нов~ учитель.	нужен ый
Нам нуж~ друг~ машина.	нужна ая
Вам нуж~ хорош~ лека́рство.	нужно ее
Им нуж~ о́пытн~ врач.	нужен ый

D12 Übersetzen Sie.

Что кому нужно было?

(**Wir** brauchten) новая машина.	**Нам** нужна была
(**Du** brauchtest) словарь.	**Тебе** нужен был
(**Sie** brauchte) другая работа.	**Ей** нужна была
(**Sie** brauchten) время.	**Им** нужно было
(**Er** brauchte) тёплое одея́ло.	**Ему** нужно было
(**Ich** brauchte) зубной врач.	**Мне** нужен был
(**Ihr** brauchtet) хорошее лекарство.	**Вам** нужно было

D13 Ergänzen Sie die Endungen in der Konstruktion für „müssen".

-ей	-е	Мо~ подруг~ надо работать.
-ому	-у	Эт~ студент~ надо много читать.
-ей	-ери	Наш~ мат~ надо к зубному врачу.
-ей	-е	Вс~ семь~ надо отдыха́ть.
-ему	-у	Мо~ друг~ надо было работать.
-ой	-е	Эт~ студентк~ надо было много читать.
-ему	-у	Наш~ отц~ надо будет к зубному врачу.
-ему	-е	Наш~ дедушк~ надо будет отдыхать.

- Übersetzen Sie die grün markierten Stellen. Verdecken Sie die Lösungen.
- Lesen Sie den Text mehrmals laut zu zweit oder zu dritt.

Da der Text im Präsens spielt, stehen fast alle Verben im unvollendeten Aspekt. Die vier Verben im vollendeten Aspekt sind gekennzeichnet.

Жёлтое платье 1

подходи́ть к hingehen	Захо́дит в наш да́мский отде́л неуве́ренный покупа́тель. Я подхожу́ **zu ihm**.	к нему́
	— Мужско́й отде́л нахо́дится внизу́.	
он пришёл *v* **к** er kam zu; **сде́лать** *v* **пода́рок** ein Geschenk machen	Но он пришёл и́менно **zu uns**, потому́ что **er braucht** пла́тье. Он хо́чет сде́лать пода́рок **seiner Freundin zum Geburtstag**.	к нам ему́ ну́жно свое́й подру́ге ко дню́ рожде́ния
	Я ду́маю, всё я́сно.	
	— Како́й у Ва́шей подру́ги разме́р?	
нра́вится es gefällt; **пока́зывать** zeigen; **заявля́ть** erklären; **предлага́ть** vorschlagen; **подхо́дит ей** passt zu ihr; **сове́товать** raten **ка́жется** es scheint	Он не зна́ет и не мо́жет сказа́ть, како́й фасо́н **ihm** нра́вится. Я пока́зываю **ihm** пе́рвое пла́тье, и он сра́зу заявля́ет **mir**, что оно́ **ihm** не нра́вится. Я предлага́ю **ihm** си́нее. Но ока́зывается, что си́ний цвет не подхо́дит **der Freundin**. Я сове́тую **ihm** вы́брать чёрное пла́тье, но э́тот цвет **ihr** не **zu Gesicht**. Я пока́зываю **ihm** жёлтое пла́тье и **mir** ка́жется, что оно́ **ihm** нра́вится.	ему́; ему́ мне ему́ ему́ подру́ге ему́ ей; к лицу́; ему́ мне ему́
	— У меня́ про́сьба **an Sie**. Приложи́те, пожа́луйста, к себе́ э́то пла́тье.	к Вам
	Ihm действи́тельно нра́вится жёлтое пла́тье **nach der letzten Mode**.	Ему́ по после́дней мо́де
	— Вы не могли́ бы э́то пла́тье наде́ть?	
	Кака́я стра́нная про́сьба! Но я иду́ в каби́ну и надева́ю пла́тье.	
Вам идёт. Es steht Ihnen.	— Оно́ **Ihnen** о́чень идёт.	Вам
	Я предлага́ю ещё бе́лый по́яс **zu diesem Modell**.	к э́той моде́ли
	— **Ihnen** ли́чно нра́вится пла́тье? — спра́шивает он.	Вам
отвеча́ть antworten	Я ти́хо отвеча́ю: О́чень.	

Übungen zum Dativ

говори́ть sagen zu

подари́ть *v* schenken

что мне + *Inf* was
soll ich + *Inf*

идти́ к gehen zu

пойти́ *v* **к чёрту** sich
zum Teufel scheren

И вдруг вопрос:

— Вы носи́ли бы такое платье?
Из ве́жливости говорю: Конечно.
— Тогда, позво́льте, я **Ihnen** его
подарю́.
Was soll ich antworten? Спасибо, что
ли? А я только спрашиваю:
— А Ваша подруга?
— Какая подруга? Отвечает он и идёт
zur zentralen Kasse.
— Прими́те, пожалуйста, от меня
подарок.
— Уважаемый покупатель, Вы
тут постойте, а я пойду к чёртовой
бабушке.

Вам

Что мне ответить?

к центральн**ой** касс**е**

D15 | Beantworten Sie die Fragen.

поступи́ть *v* handeln
сде́лали бы *v* hätten
Sie getan

Вопросы к тексту
Нравится ли ей платье?
А покупатель?
Как она посту́пит?
А что бы Вы сделали?

Legen Sie das Buch mit dem aufgeschlagenen Text in einiger Entfernung vom Schreibtisch ab. Lesen Sie so viel vom Text, wie Sie sich merken können, und schreiben Sie ihn am Schreibtisch aus dem Gedächtnis auf. Dann holen Sie sich die nächste Portion. Zum Schluss vergleichen Sie die Texte.

1. Lauftext

— Как ты думаешь, сколько лет этой старой учительнице?

— Думаю, ей лет шестьдесят (60). Она старше нашего директора, а ему уже пятьдесят шесть (56).

2. Lauftext

— Вы ко мне?

— Нет, я к Вашему коллеге.

— К Борису Андре́евичу?

— Да, к нему.

3. Lauftext

— Кому ты пишешь письмо́?

— Одному́ моему приятелю.

— Григо́рию Леони́довичу?

— Да. Почему тебе это важно?

— Передай ему привет от меня.

4. Lauftext

— К ноге́!

Моя овча́рка бежит к пу́делю. овча́рка Schäferhund

— К ноге!

— Ваша собака, кажется, плохо слы́шит.

— К счастью, она хорошо слышит, но сего́дня меня не слу́шает.

5. Lauftext

— Мама, купи́ мне моро́женое.

— Нет, тебе нельзя́.   du darfst nicht

— Пете мо́жно, а почему мне нельзя?

— Скоро и тебе будет можно.

Lektüre

Name	Kosename
Христи́на	Ти́на
Елизаве́та	Ли́за
Фёдор	Фе́дя
Матрёна	Мо́тя

Дательный падеж

Я поеду к Тине
на своей машине,
    я поеду к Лизе
    по турецкой визе,
я поеду к дяде Феде
на большом велосипеде,
    я поеду к самураю
    на метро и на трамвае
и в Тулузу к тёте Моте
на учёном бегемоте,
    а к зубно́му врачу —
    не хочу!

я пое́ду *v* ich werde fahren

туре́цкая ви́за türkisches Visum

большо́й велосипе́д großes
  Fahrrad

Тулу́за Toulouse
учёный бегемо́т gelehrtes Nilpferd
зубно́й врач Zahnarzt
я хочу́ *uv* ich will

Жёлтое платье 2

— Слу́шай, этот покупа́тель, который
хотел подари́ть мне платье...
— Какое платье?
— Ну, такое жёлтое, из шёлка.
— Длинное?

шёлк Seide
дли́нный lang

— Нет, коротенькое.
— А помню! Ну что, вы ещё встречались?
— Он мне звонил по мобильнику и рассказывал, как ему плохо без меня.
— А ты что ему на это?
— Я ему говорю, что мне нельзя долго говорить, я же на работе.
— И что дальше?
— Мне действительно нужно было подойти к покупательнице.
— К женщине?
— Да, к очень богатой. А он, представь себе, пишет мне эсэмэски. Мне пришлось выключить телефон. А та молодая красавица...
— Мне неинтересно про неё. Расскажи про него!
— Подожди! Она, представь себе, искала совсем не платье, а своего жениха!
— И где тут драма?
— По её описанию это был он!
— Кто?
— Ну он!
— Нет!
— Да! Я ей сказала, что он уже ушёл.
— А что было дальше?
— Я написала ему эсэмэску и мы встретились у памятника Пушкину.
— Ничего себе!
— Да, знаешь, там есть киоск, где продают цветы.
— Знаю.
— Знаешь, что он там делает?
— Что?
— Он покупает цветы продавщице!
— Врёшь!
— Не вру!
— Обалдеть!

короткий (коротенький) kurz
я помню *uv* ich erinnere mich

мне нельзя говорить *uv* ich kann nicht reden
на работе in der Arbeit
дальше weiter
действительно wirklich

богатый reich; **представь** *v* **себе** stell dir vor
он пишет *uv* er schreibt; **эсэмэска** SMS

красавица Schönheit
расскажи *v* erzähl

подожди *v* warte; **она искала** *uv* sie suchte
совсем не überhaupt nicht; **жених** Bräutigam

описание Beschreibung

он ушёл *v* er ging (weg)

я написала *v* ich schrieb
мы встретились *v* wir trafen uns; **памятник** Denkmal; **ничего себе** nicht schlecht
продают *uv* **цветы** man verkauft Blumen

он делает *uv* er macht

он покупает *uv* er kauft
ты врёшь *uv* du lügst
я вру *uv* ich lüge
обалдеть *v* hier: Wahnsinn!

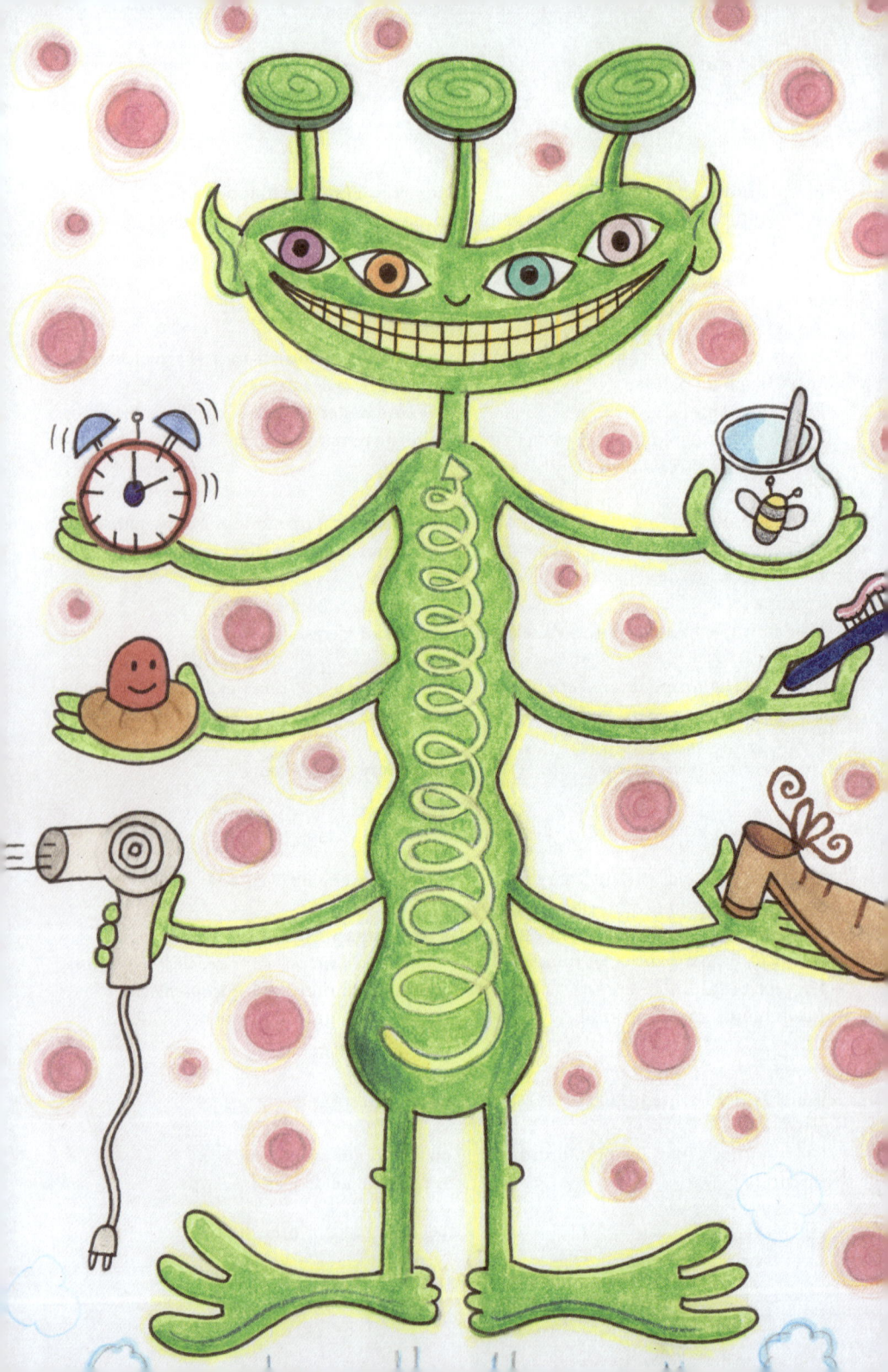

Lesen Sie den Text. Bei der Vokabelhilfe ist die Endung der Substantive folgenderweise markiert: **männlich**, **weiblich**, **sächlich**.

Кошма́р

Дорога́я, ты не ви́дела на́шего ма́льчика?

— Нет, ду́маю он ещё спит. Ох как у меня боли́т голова́!

— Что случи́лось? Ты заболе́ла?

— Ми́лый, я видела ужа́сный сон. По нашему до́му бе́гал зелёный челове́чек.

Он убра́л буди́льник в холоди́льник, он зары́л матрёшку в ста́рую карто́шку, заверну́л утю́г и мы́ло в одея́ло, съел всё ма́сло и весь мёд и сказа́л, что ма́ло...

— Како́й кошмар! Успоко́йся дорогая. Это был то́лько сон...

—Пе́тенька, Петру́ша, куда́ ты та́щишь кота́ и моби́льник!..

кошма́р Alptraum

он спит *uv* er schläft
боли́т *uv* **голова́** der Kopf tut weh
что случи́лось *v* was ist passiert; **ты заболе́ла** *v* du bist krank geworden; **ужа́сный сон** schrecklicher Traum; **челове́чек** Männchen; **он убра́л** *v* er räumte weg; **буди́льник** Wecker; **он зары́л** *v* er vergrub **заверну́л** *v* wickelte; **мы́ло** Seife; **одея́ло** Decke; **он съел** *v* er aß; **ма́сло** Öl; **мёд** Honig; **успоко́йся** *v* beruhig dich

ты та́щишь *uv* du schleppst
кот Kater; **моби́льник** Handy

Analysieren Sie die farblich unterlegten Substantive.

a) Wie lautet die Akkusativendung der weiblichen Substantive?

b) Wie lautet die Akkusativendung der sächlichen Substantive?

c) Beim männlichen Geschlecht unterscheiden wir zwei Gruppen von Substantiven:
die sogenannten „unbelebten" und die „belebten".

де́вочку
А́ню
дочь
мы́ло
го́ре
суп
карто́фель
ма́льчика
учи́теля

Дорогая, ты не видела нашего маль-чика?

— Нет, думаю он ещё спит. Ох как у меня болит голова!

— Что случилось? Ты заболела?

— Милый, я видела ужасный сон. По нашему дому бегал зелёный человечек.

Он убрал будильник в холодильник, он зарыл матрёшку в старую картошку, завернул утюг и мыло в одеяло, съел всё масло и весь мёд и сказал, что мало...

— Какой кошмар! Успокойся дорогая. Это был только сон...

—Петенька, Петруша, куда ты тащишь кота и мобильник!..

Mit den Endungen welchen Falles fallen die Endungen der „unbelebten" Substantive zusammen, mit welchen die „belebten"?

Das Substantiv im Akkusativ

Im Russischen unterscheidet man beim männlichen Geschlecht belebte (beseelte) und unbelebte (unbeseelte) Substantive. Aus grammatischer Sicht gehören Bezeichnungen für Personen und Tiere zu den belebten Substantiven und alle anderen zu den unbelebten.

Die Endung des belebten männlichen Substantivs fällt mit der des Genitivs zusammen.
Im Schriftbild sehen wir:
-**a**, wenn der Stammauslaut nicht palatal ist, Aussprache: [ə] unbetont, [a] betont,
-**я**, wenn er palatal ist, Aussprache: [ə] unbetont, [a] betont.

человéка [tɕəɫɐ'vʲekə] *человéк* Mensch
Die Endung -a zeigt, dass der vorhergehende Konsonant [k] nicht palatal ist.

> -Konsonant + a

гóстя ['gostʲə] *гость* Gast
Die Endung -я zeigt, dass der vorhergehende Konsonant [tʲ] palatal ist.

> -Konsonant + я

Die unbelebten männlichen Substantive haben eine Nullendung, das heißt, die Endung entspricht der des Nominativs.

мёд Ø [mʲot] *мёд* Honig
Der Stamm endet auf den nicht palatalen Konsonanten [t].

> -Konsonant + Ø

Ist der Endkonsonant palatal, folgt im Schriftbild das weiche Zeichen ь.

стиль Ø [stʲilʲ] *стиль* Stil
Der Stamm endet auf den palatalen Konsonanten [lʲ]. Im Schriftbild sehen wir:

> -Konsonant + ь

Die Endungen des sächlichen Substantivs im Akkusativ fallen mit denen des Nominativs zusammen.
Wenn der Endkonsonant nicht palatal ist, lautet die Endung -**o**, [ə] unbetont, [o] betont.
Ist der Endkonsonant palatal, kennzeichnet dies die unbetonte Endung -**e** [ɪ] oder die betonte -**ë** [o].

одеяло [ədʲɪ'jaɫə] *одеяло* Decke
Der Stammauslaut [ɫ] ist nicht palatal. Man schreibt:

> -Konsonant + o

гóре ['gorʲɪ] *гóре* Kummer
Der Stamm endet auf den palatalen Konsonanten [rʲ], daher schreibt man:

> -Konsonant + e

Die Endung des weiblichen Substantivs: -y

Im Schriftbild unterscheidet man
-y nach nicht palatalem Stammauslaut [ʊ] unbetont, [u] betont
-ю nach palatalem Stammauslaut [ʊ] unbetont, [u] betont.

Aussprache- und Rechtschreibregel

Nach den palatalen Lauten ч, щ schreibt man -y und nicht -ю.

Bei der Gruppe der weiblichen Substantive mit Nullendung auf -ь entspricht der Akkusativ dem Nominativ: **-ь**.

Die Substantive auf -a, die dem natürlichen Geschlecht nach männlich sind, werden wie die weiblichen dekliniert, die dazugehörigen Adjektive jedoch wie belebte männliche.

де́вушку [ˈdʲevuʂkʊ] *де́вушка* Mädchen
Der Stamm endet auf den nicht palatalen Konsonanten [k]. Man schreibt:

-Konsonant + y

неде́лю [nʲɪˈdʲelʲʊ] *неде́лю* Woche
Der Stamm endet auf den palatalen Konsonanten [lʲ]. Im Schriftbild sehen wir:

-Konsonant + ю

да́чу [ˈdatɕʊ] Datscha

э́ту но́чь	Nacht
ма́ленькую мы́шь	Maus
хоро́шую но́вость	Neuigkeit
на́шего де́душку	Großvater
твое́го дя́дю	Onkel
молодо́го Воло́дю	Wolodja
ма́ленького Ва́ню	Wanja

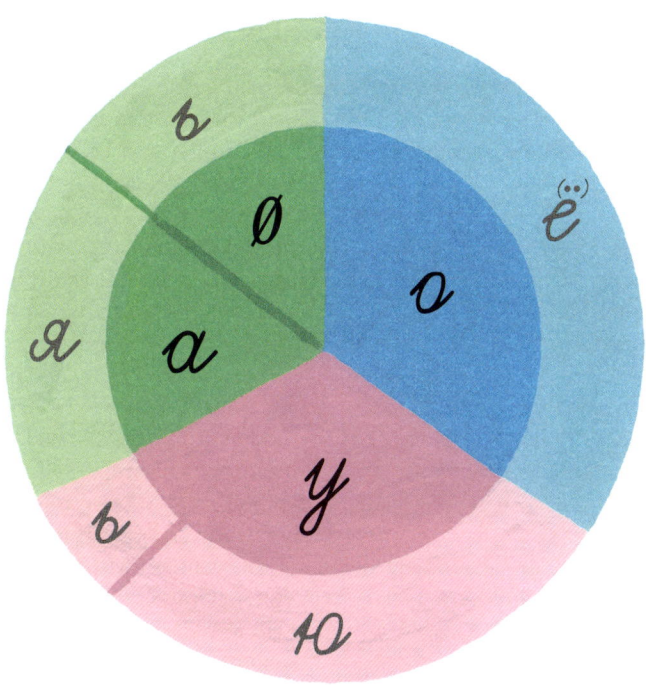

Das Adjektiv im Akkusativ

Lesen Sie den Text.

Ка́ждую суббо́ту и ка́ждое воскресе́нье я обы́чно иду́ в ста́рый го́род. Сажу́сь за мра́морный сто́лик на терра́се кафе́ «Карме́н» и зака́зываю бе́лое вино́, иногда́ кре́пкий ко́фе или про́сто минера́льную во́ду. Сижу́ и смотрю́ на широ́кую пло́щадь, на на́шу це́рковь, на её высо́кую ба́шню и ду́маю, ду́маю…

Э́тот средневеко́вый храм знал ми́рное вре́мя и войну́, процвета́ние и разру́ху, реставра́цию и реконстру́кцию, ви́дел и каринти́йскую крестья́нку, и венециа́нского купца́, и австри́йского бургра́фа, и францу́зского импера́тора.

Э́ти ка́мни безмо́лвно расска́зывают свою́ исто́рию, на́шу исто́рию.

Но вот мы слы́шим споко́йный го́лос экскурсово́да…

иду́ *uv* ich gehe; **сажу́сь** *uv* ich setze mich; **мра́морный** aus Marmor; **зака́зываю** *uv* ich bestelle
кре́пкий stark; **ко́фе** *indekl* Kaffee
сижу́ *uv* ich sitze; **широ́кий** breit
высо́кий hoch
ду́маю *uv* ich denke
средневеко́вый mittelalterlich; **ми́рный** Friedens-; **война́** Krieg; **процвета́ние** Blütezeit; **разру́ха** Verfall; **каринти́йская кре́стья́нка** Kärntner Bäuerin; **купе́ц** Kaufmann

э́ти ка́мни *Pl* diese Steine; **безмо́лвно** stumm; **расска́зывают** *uv* erzählen
слы́шим *uv* wir hören; **го́лос** Stimme
экскурсово́д Fremdenführer

Analysieren Sie die farblich markierten Adjektivendungen.

a) Wie lautet die Akkusativendung der weiblichen Adjektive?

b) Der Endung welchen Falles entspricht die Endung der unbelebten männlichen Adjektive?

Der Endung welchen Falles entsprechen die belebten?

Mit welchem Fall fällt der Akkusativ der sächlichen Endungen zusammen?

ста́рую
жа́ркую
гла́вное
кра́сное
центра́льный
широ́кий
молодо́го
ру́сского

Ка́ждую суббо́ту и ка́ждое воскресе́нье я обы́чно иду́ в ста́рый го́род. Сажу́сь за мра́морный сто́лик на терра́се кафе́ «Карме́н» и зака́зываю бе́лое вино́, иногда́ кре́пкий ко́фе или про́сто минера́льную во́ду. Сижу́ и смотрю́ на широ́кую пло́щадь, на на́шу це́рковь, на её высо́кую ба́шню и ду́маю, ду́маю…

Э́тот средневеко́вый храм знал ми́рное вре́мя и войну́, торжество́ культу́ры и разру́ху, реставра́цию и реконстру́кцию, ви́дел и каринти́йскую крестья́нку, и венециа́нского купца́, и австри́йского бургра́фа, и францу́зского импера́тора.

Э́ти ка́мни безмо́лвно расска́зывают свою́ исто́рию, на́шу исто́рию.

Но вот мы слы́шим споко́йный го́лос экскурсово́да…

Die Endung des weiblichen Adjektivs: -ую

Im Schriftbild gibt es zwei Möglichkeiten. Ist der Stammauslaut nicht palatal, lautet die Endung -ую [ʊjʊ] unbetont und [ujʊ] betont.
Ist der Stammauslaut jedoch palatal, folgt die unbetonte Endung -юю [ʊjʊ].

Ausspracheregel
Das Schriftbild entspricht bei den palatalen Lauten **ч, щ** nicht der Aussprache: Man schreibt **-у** statt **-ю**.

Die Endungen des männlichen Adjektivs, das mit einem *unbelebten* Substantiv übereingestimmt wird, fallen mit den Nominativendungen zusammen.

a) Wenn der Stammauslaut nicht palatal ist, folgt die unbetonte Endung -ый [ɨj] oder betont -ой [oj].

b) Ist der Stammauslaut palatal, lautet die unbetonte Endung -ий [ij].

Ausspracheregel
Nach **к, г, х** folgt immer die Endung **-ий**.

Aussprache- und Rechtschreibregel
Beim Stammauslaut auf **ш** und **ж** schreibt man die Endung **-ий**, spricht jedoch [ɨj].

Die Endung des männlichen Adjektivs, das mit einem *belebten* Substantiv übereingestimmt wird, fällt mit der Genitivendung zusammen.

a) Ist der Stammauslaut nicht palatal, lautet die Endung -ого [əvə] unbetont, [ovə] betont.

вку́сную [ˈfkusnʊjʊ] *вку́сная* schmackhaft
Der Stamm endet auf den nicht palatalen Konsonanten [n]. Im Schriftbild sehen wir:

-Konsonant + ую

за́днюю [ˈzadnʲʊjʊ] *за́дняя* hintere
Der Stamm endet auf den palatalen Konsonanten [nʲ]. Im Schriftbild steht:

-Konsonant + юю

горя́чую	[gɐˈrʲatɕʊjʊ]	heiß
сле́дующую	[ˈslʲedʊjʊːʊjʊ]	folgend

тру́дный [ˈtrudnɨj] *тру́дный* schwierig
Der Stamm endet auf den nicht palatalen Konsonanten [d]. Somit ergibt sich im Schriftbild:

-Konsonant + ый

золото́й [zəɫɐˈtoj] *золото́й* golden
Im Schriftbild sehen wir:

-Konsonant + ой

пере́дний [pʲɪˈrʲednʲij] *пере́дний* vorderer
Der Stamm endet auf den palatalen Konsonanten [nʲ]. Im Schriftbild sehen wir:

-Konsonant + ий

английский [ɐnˈɡlʲiskʲij] englisch

све́жий [ˈsvʲeʒɨj] frisch

го́рдого [ˈgordəvə] *го́рдый* stolz
пожило́го [pəʐɨˈɫovə] *пожило́й* älterer
Der jeweilige Stamm endet auf einen nicht palatalen Konsonanten. Man schreibt:

Konsonant + ого

Das Adjektiv im Akkusativ

b) Ist der Stammauslaut palatal, lautet die unbetonte Endung **-его** [ɪvə].

ли́шнего [ˈlʲiʂnʲɪvə] *ли́шний* überflüssig
Der Stamm endet auf den palatalen Konsonanten [nʲ]. Im Schriftbild sehen wir:

-Konsonant + его

Rechtschreib- und Ausspracheregel
Beim Stammauslaut auf **ш** und **ж** folgt die Endung -его. Die Aussprache lautet jedoch [əvə].

мла́дшего   [ˈmɫatʂəvə]   jünger
ста́ршего   [ˈstarʂəvə]   älter

Die Endung des sächlichen Adjektivs fällt mit der des Nominativs zusammen.
Ist der Stammauslaut nicht palatal, lautet die Endung **-ое** [əjə] unbetont, [ojə] betont.

све́тлое [ˈsvʲetɫəjə] *све́тлое* hell
Der Stamm endet auf den nicht palatalen Konsonanten [ɫ]. Man schreibt:

-Konsonant + ое

Ist der Stammauslaut jedoch palatal, lautet die unbetonte Endung **-ее** [ɪjə].

ве́рхнее [ˈvʲerxnʲɪjə] *ве́рхнее* oberer
Der Stamm endet auf den palatalen Konsonanten [nʲ]. Entsprechend im Schriftbild:

-Konsonant + ее

Aussprache- und Rechtschreibregel
Beim Stammauslaut auf -**ш** und -**ж** ist die unbetonte Endung -ее. Aussprache [əjə]!

хоро́шее   [xɐˈroʂəjə]   gut
ры́жее   [ˈrɪʐəjə]   rothaarig

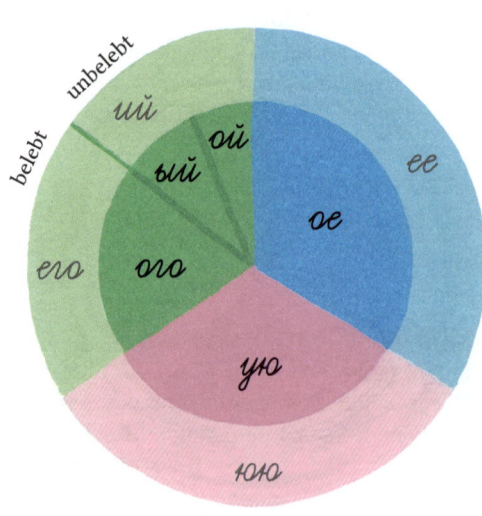

Possessivpronomen

моего́	мой	моё	мою́
твоего́	твой	твоё	твою́
его́ его́ её			
на́шего	наш	на́ше	на́шу
ва́шего	ваш	ва́ше	ва́шу
их			

Demonstrativpronomen

| э́того | э́тот | э́то | э́ту |

Personalpronomen: siehe Genitiv, Seite 29.

Logisches Subjekt	Э́ту де́вушку зову́т *uv* О́льга.	Dieses Mädchen heißt Olga.
Objekt	Мы изуча́ем *uv* ру́сский язы́к.	Wir studieren Russisch.
	Мы встреча́ли *uv* Алекса́ндра.	Wir trafen Alexander.
Zur Bestimmung von Maßen (Länge, Gewicht, Menge)	Са́ша пробежа́л *v* киломе́тр.	Sascha lief einen Kilometer.
	Маши́на ве́сит *uv* то́нну.	Das Auto wiegt eine Tonne.
	Сто́ит *uv* ты́сячу (рубле́й).	Es kostet tausend Rubel.
Einige Verben verlangen im Russischen den Akkusativ, im Deutschen jedoch nicht, z.B.: **благодарить, помнить, упрекать** + *Akk.*	Я благодарю́ *uv* **Вас.**	Ich danke Ihnen.
	А́ня хорошо́ по́мнит *uv* свою́ ба́бушку.	Anja erinnert sich gut an ihre Großmutter.
	Они́ упрека́ют *uv* **меня́** в наи́вности.	Sie werfen mir Naivität vor.
Umstand **Zeit**	И́горь рабо́тал *uv* всю неде́лю.	Igor arbeitete die ganze Woche.
	Она́ боле́ет *uv* ка́ждую зи́му.	Sie wird jeden Winter krank.
	в пя́тницу	**am** Freitag
	в час	**um** ein Uhr
	три ра́за **в** неде́лю	dreimal **pro** Woche
	У нас биле́ты **на** э́ту пя́тницу.	Wir haben Karten **für** diesen Freitag.
	Она́ пригласи́ла его́ **на** сва́дьбу.	Sie lud ihn **zur** Hochzeit ein.
	Дя́дя прие́хал *v* на оди́н день.	Der Onkel kam **für** einen Tag.
	Он прие́хал **на** оди́н день ра́ньше.	Er kam **um** einen Tag früher.
	Влади́мир сде́лал *v* э́ту рабо́ту **за** оди́н день.	Wladimir erledigte diese Arbeit **in** einem Tag.
	На́дя вернётся *v* **че́рез** час.	Nadja kommt **in** einer Stunde zurück.
Ort	Мы спа́ли всю доро́гу.	Wir schliefen den ganzen Weg.
	Ни́на прие́хала *v* **в** го́род.	Nina kam in die Stadt.
	Положи́ *v* коро́бку **на/под** стол!	Leg die Schachtel **auf/unter** den Tisch!

Übungen zum Akkusativ

A1 Wie lautet der Nominativ?   Welches Geschlecht hat das Substantiv?
Ist der Stammauslaut palatal oder nicht?

Verdecken Sie die Lösungen ab Linie 1, danach ab Linie 2 und bilden Sie den Nominativ.
Sie können bei Bedarf auch schriftlich üben.

	2	1			2	1
лес		лес	мёд		мёд
дерево		дéрево	масло		масло
волка		волк	вóду		водá
медведя		медвéдь	молоко		молоко
ночь		ночь	чай		чай
семью		семья	шампанское		шампáнское
мать		мать	пиво		пиво
тетю		тетя	кухню		кухня
брата		брат	столовую		столóвая
сестру		сестра	скатерть		скáтерть
писателя		писатель	в галерею		галерея
царя́		царь	в музей		музей
время		время	в Сибирь		Сибирь
имя		имя	в Россию		Россия
терпение		терпение	на берег		бéрег

A2 Wie lautet der Akkusativ?   Verdecken Sie die linke Seite der vorhergehen-
den Übung und bilden Sie nun den Akkusativ.

A3 Lernen Sie die Wochentage als Antwort auf die Frage „wann?".

в понедельник	am Montag	понедéльник
во вторник	am Dienstag	втóрник
в срéду	am Mittwoch	средá
в четверг	am Donnerstag	четвéрг
в пятницу	am Freitag	пя́тница
в субботу	am Samstag	суббóта
в воскресенье	am Sonntag	воскресéнье

Wie lauten die Adjektive? **A4**

• Bilden Sie den Nominativ und achten Sie auf die Betonung der männlichen Adjektivformen. Verdecken Sie ab Linie 1 die rechte Seite.

• Gehen Sie vom Nominativ aus und bilden Sie den Akkusativ der belebten männlichen und der weiblichen Adjektive. Verdecken Sie die entsprechenden Lösungen.

	Какого жениха́? Welchen Bräutigam?		Какую неве́сту? Welche Braut?	
		¹	²	
liebenswürdig	любезного	любе́зный		любезную
zufrieden	довольного	дово́льный		довольную
glücklich	счастливого	счастли́вый		счастливую
ernst	серьёзного	серьёзный		серьёзную
naiv	наивного	наи́вный		наивную
jung	молодого	молодо́й		молодую
schön	красивого	краси́вый		красивую
elegant	элегантного	элега́нтный		элегантную
lieb	милого	ми́лый		милую
bezaubernd	очаровательного	очарова́тельный		очаровательную
dünn	худого	худо́й		худую
schlank	стройного	стро́йный		стройную
blass	бледного	бле́дный		бледную
rotbackig	румяного	румя́ный		румяную
mit Locken	кудрявого	кудря́вый		кудрявую

Bilden Sie Sätze nach folgendem Muster: **A5**

— Серьёзный молодой человек полюбил милую девушку.

полюби́ть *v* lieb gewinnen

— Очаровательная девушка влюбилась в кудрявого итальянца.

влюби́ться в *v* sich verlieben

— Наивная невеста любит своего Андрея.

— Счастливый жених обожает свою милую невесту.

обожа́ть *uv* vergöttern

— Аня выхо́дит замуж за молодого немца.

выходи́ть за́муж за *uv* heiraten

A6 Ergänzen Sie die Endungen.

• Verdecken Sie ab Linie 2.
• Verdecken Sie ab Linie 3.
• Wollen Sie leicht beginnen, verdecken Sie nur die Substantivendung ab Linie 1.
Lesen Sie die Wortgruppen laut. Sie können die Übungen auch auf ein Extrablatt schreiben.

Что? Кого?

		3	2	1
ваш~	мальчик~	■	его	а
иностра́нн~	студент~	■	ого	а
родн~	язык~	■	ой	
итальянск~	фильм~	■	ий	
хорош~	режиссёр~	■	его	а
холодн~	зи́м~	■	ую	у
жа́рк~	лет~	■	ое	о
летн~	пого́д~	■	юю	у
золот~	осен~	■	у́ю	ь
свобо́дн~	врем~	■	ое	я
свеж~	картофел~	■	ий	ь
сладк~	морко́в~	■	ую	ь
зелён~	лук~	■	ый	
чёрн~	хлеб~	■	ый	
красн~	икр~	■	ую	у́

Куда?

			3	2	1
в	наш~	церков~	■	у	ь
в	центральн~	аптек~	■	ую	у
в	хорош~	каф~	■	ее	е
на	главн~	площад~	■	ую	ь
на	пят~	этаж~	■	ый	
в	сосе́дн~	ко́мнат~	■	юю	у
в	нов~	холоди́льник~	■	ый	
под	тёпл~	одея́л~	■	ое	о
в	тёмн~	спальн~	■	ую	ю
в	чист~	ванн~	■	ую	ую/у

Beantworten Sie die Fragen. Beachten Sie, dass es sich um unbelebte Substantive handelt. **A7**

Что ты купи́л?
консе́рвнаяба́нка
большая
schwer тяжёлая
aus Blech жестяна́я
rostig ржа́вая

Что ты ви́дишь?
возду́шныйша́рик
ора́нжевый
rund кру́глый
teuer дорого́й

Что ты чита́ешь?
интере́снаякни́га
русская
новая
aus der Bibliothek библиоте́чная
dick то́лстая

Что ты убира́ешь? wegräumen
карто́ннаякоро́бка
viereckig прямоуго́льная
bunt разноцве́тная
leer пуста́я

Что ты и́щешь? suchen
золота́яброшь
ова́льная
дорогая
fein изя́щная
antik стари́нная
aus Malachit малахи́товая

Übungen zum Akkusativ

A8 Übersetzen Sie vom Russischen ins Deutsche und umgekehrt.

Тоня приглашает **меня**.	Tonja lädt **mich** ein.
А я приглашаю **тебя**.	Und ich lade **dich** ein.
Тоня полюбила **его**.	Tonja gewann **ihn** lieb.
А он полюбил **её**.	Und er gewann **sie** lieb.
Она выходит (замуж) **за него**.	Sie heiratet **ihn**.
На свадьбу приглашают **нас**.	Sie laden **uns** zur Hochzeit ein.
На свадьбу приглашают **вас**.	Sie laden **euch** zur Hochzeit ein.
Мы пьём шампанское **за них**.	Wir trinken Champagner **auf sie**.

A9 Lesen Sie laut. Achten Sie auf die Betonungen der **männlichen** Substantive.

Betonung wie im **Nominativ**		In allen Fällen **endbetont**	
муж, муж**а**	Mann	врач, врач**а**	Arzt
брат, брат**а**	Bruder	малы́ш, малыш**а**	Knirps
царе́вич, царевич**а**	Zarewitsch	игро́к, игрок**а**	Spieler
танцо́р, танцор**а**	Tänzer	москви́ч, москвич**а**	Moskauer
за́яц, зайц**а**	Hase	певе́ц, певц**а**	Sänger
медве́дь, медвед**я**	Bär	дура́к, дурак**а**	Dummkopf
европе́ец, европейц**а**	Europäer	жук, жук**а**	Käfer
австри́ец, австрийц**а**	Österreicher	слон, слон**а**	Elefant

A10 Lesen Sie laut. Achten Sie auf die Betonung der **weiblichen** Substantive.

Nur **im Akkusativ Betonungswechsel** von der Endung auf den Stamm		In allen Fällen **endbetont**	
зима́, зи́м**у**	Winter	игра́, игр**у**	Spiel
река́, ре́к**у**	Fluss	еда́, ед**у**	Essen
гора́, го́р**у**	Berg	колбаса́, колбас**у**	Wurst
земля́, зе́мл**ю**	Erde	свинья́, свинь**ю**	Schwein
вода́, во́д**у**	Wasser	трава́, трав**у**	Gras
рука́, ру́к**у**	Hand	страна́, стран**у**	Land
нога́, но́г**у**	Fuß	тайга́, тайг**у**	Taiga
голова́, го́лов**у**	Kopf	звезда́, звезд**у**	Stern
спина́, спи́н**у**	Rücken	луна́, лун**у**	Mond
душа́, ду́ш**у**	Seele	весна́, весн**у**	Frühling

Beantworten Sie folgende Fragen zum Bild. **A11**

Как их зовут?
Дмитрий Сергеевич
Надежда Фёдоровна

Кого он любит?
будущая жена
будущий муж

За кого кто выходит замуж?
молодая женщина
серьёзная женщина
приятный мужчина
спокойный мужчина

Кого вы видите? Beschreiben Sie das Paar. **A12**

турист
туристка
юный москвич

элегантный австриец
интеллектуальная австрийка
её красивый муж

этот усатый мужчина
эта синеглазая женщина
этот живой мальчик
Ваня-нахал

A13 Ergänzen Sie die Endungen und lernen Sie die Ausdrücke.

Спасибо тебе/Вам

за Ваш~/тво~ по́мощь	у/ю
за вкусн~ обе́д	ый
за необы́чн~ пода́рок	ый
за компа́нию	
за звоно́к	

Благодарю тебя/Вас

за Ваш~/тво~ внима́ние	е/ё
за Ваш~/тво~ терпе́ние	е/ё
за Ваш~/тво~ ще́дрость	у/ю
за приглаше́ние	
за сотру́дничество	

A14 Verbinden Sie die zusammengehörigen Teile.

Приглаша́ем тебя́/Вас ◆

- ◆ на день рожде́ния
- ◆ за Ваше здоро́вье
- ◆ на восьмо́е ма́рта
- ◆ за нашу встре́чу
- ◆ в русский ресторан

Мы пьём ◆

- ◆ за хозя́йку
- ◆ на нашу сва́дьбу
- ◆ за наше сотру́дничество
- ◆ на школьный бал
- ◆ за любо́вь

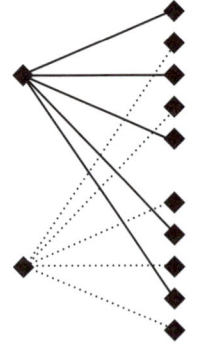

A15 Der Akkusativ in der Bedeutung einer Zeitdauer, einer Wegstrecke.

весь год	ка́ждую ночь	один час		всю доро́гу
всю весну́	каждое утро	два *Akk*	часа́	всю пое́здку
всё ле́то	каждый день	три *Akk*	дня	весь полёт
всю осень	каждый вечер	две *Akk*	неде́ли	одну остано́вку
всю зи́му	каждую минуту	три *Akk*	ме́сяца	один километр

Übungen zum Akkusativ

Übersetzen Sie die farblich markierten Stellen. Verdecken Sie die Lösungen.　　**A16**

Кошмар

— Ты не видел unseren Buben.

— Что случилось?- Ты не представля-
ешь, что он сделал.

— Нет. Расскажи! Ну, говори же!

— Das Mehl он положил in den Kühl-
schrank, и фен тоже. Die Milch и den
Sauerrahm спрятал in den Ofen. Die
Zwiebel он положи́л in die Kommode.
Чесно́к забро́сил unter den Polster, Senf
нама́зал auf die Zahnbürste.

— Маша! Маша...

— Что?

— Этого не может быть.

— Как это не может быть? Я alles
видела.

— Да, ты alles видела, но во сне. Открой
глаза!

нáшего мáльчика

муку́; в холоди́льник
молоко́; смета́ну
в пе́чку; лук
в комо́д
под подушку; горчи́цу
на зубну́ю щётку

всё

всё

Verdecken Sie die Lösungen und ergänzen Sie die Endungen.　　**A17**

царе́вна Prinzessin;
　лягу́шка Frosch; коро́ль
　König

прове́рить v untersuchen;
боло́то Sumpf
перецелова́ть v einen nach
　dem anderen küssen; он
　привы́к v er gewöhnte
　sich; поцелу́й Kuss;
　поцелова́ть v küssen

Царевна-лягушка

Жил-был один коро́ль. У него было
три сына. Он решил женить младш~
сын~. Его звали Иван Царевич. Он
долго иска́л св~ царевн~ лягушк~.
Иван уже нашёл и прове́рил перв~
боло́т~, втор~, треть~. Перецело-
ва́л перв~ лягушк~, втор~, треть~,
четвёрт~... Он уже привы́к к лягу-
ша́чьему поцелую. Иван поцелова́л
тридцать девят~ лягушку и узнал в
ней св~ прекрасн~ царевн~.

-его
-а
-ою; -у; -у
-ое
-о; -ое; -е
-ую; -у; -у́ю; -ю
-ую

-ую
-ою; -ую; -у

Übungen zum Akkusativ

A18 Legen Sie das Buch mit dem aufgeschlagenen Text in einiger Entfernung vom Schreibtisch ab, z. B. am Fenster.
Lesen Sie so viel vom Text, wie Sie sich merken können, und schreiben Sie ihn am Schreibtisch aus dem Gedächtnis auf. Dann holen Sie sich die nächste Portion. Zum Schluss vergleichen Sie die Texte.

1. Lauftext

— Как зовут твою подругу?
— Не подругу, а супру́гу,
а зовут её Любовь Христофо́ровна.

супру́га Ehefrau, Gattin

2. Lauftext

— Твой новый друг – нейрохиру́рг?
— Нет-нет, он только драматург.
—Акакзовутэтогоскро́многодраматурга?
— Его зовут Анто́н Па́влович.

скро́мный bescheiden; **драматург** Bühnenautor, Dramatiker

3. Lauftext

— У Вас теперь очень милый сосед.
— Ну что Вы, он просто людое́д!
— Как же зовут этого страшного людоеда?
— Бармале́й!

людое́д Menschenfresser

4. Lauftext

—Какзовутэтусимпатичнуюинфузо́рию?
— Кажется, её зовут Виктория.

инфузо́рия Infusionstierchen

5. Lauftext

— Как зовут звери́ного царя́ и звери́ную цари́цу — прекрасного льва и прекрасную льви́цу?
— Их зовут Симба и Дымба.

звери́ный царь König der Tiere

льви́ца Löwin

6. Lauftext

— Ваш биле́т.
— Контролёр, Вы за мир, и я за мир. С нами едет старый, мудрый, чернокудрый, безбиле́тный пассажир.

му́дрый weise; **чернокудрый** schwarzhaarig; **безбиле́тный** schwarzfahrend

Винительный падеж

во́все durchaus nicht; **безде́льник** Faulenzer
я страда́ю *uv* ich leide

я сплю *uv* ich schlafe

я обожа́ю *uv* ich vergöttere
я уважа́ю *uv* ich verehre

слова́рь Wörterbuch; **куплю́** *v* ich werden kaufen
ближа́йший nächsten
я сдам *v* ich werde abgeben

Нет, я во́все не безде́льник,
но страда́ю в понеде́льник.

Сре́ду тоже не люблю́,
А в четве́рг совсе́м не сплю.

Ча́сто в институ́т хожу́,
Там на ле́кции сижу́,

На профе́ссора смотрю́,
ничего́ не говорю́.

Мандельшта́ма обожа́ю,
И Толсто́го уважа́ю,

О́чень Го́голя люблю́:
Вот слова́рь себе́ куплю́ —

И в ближа́йшую суббо́ту
Сдам дипло́мную рабо́ту!

ло́шадь Pferd
пе́чка Ofen
пусты́ня Wüste
франт Modenarr

у́мный der Kluge
ду́ра dumme Gans

Дайте свободу
каждому народу,
лошади — сено,
печке — полено,
пустыне — воду,
франту — моду,
кошке — мышку,
умному — книжку,
дуре — льстеца,
сыну — отца.

свобо́да Freiheit
наро́д Volk
се́но Heu
поле́но Holzscheit

мы́шка Mäuschen
кни́жка Buch, Büchlein
льстец Schmeichler

Lektüre

Письмо

Алиса вы́шла за́муж за Евгения Па́вловича. Она не очень любит свекро́вь, но Алла Серге́евна понима́ет Алису и часто де́лает ей подарки.

Одна́жды от Аллы Сергеевны пришло́ письмо́, адресо́ванное Евгению Павловичу. Когда Евгений пришёл домой, он сра́зу заме́тил, что жена пла́кала.

— Что случи́лось? спра́шивает он.

— Твоя мама оскорби́ла меня.

— Как? Этого не может быть. Она же уе́хала в Сама́ру.

— И́менно. Вот её письмо.

Женя читает: «Дорогая Алиса, не забу́дь переда́ть это письмо Же́не.»

вышла *v* **замуж за** sie heiratete
свекровь Schwiegermutter

подарки *Nom Pl* Geschenke
однажды einmal; **пришло** *v* **письмо** es kam ein Brief
пришёл *v* **домой** er kam nach Hause
сразу sofort; **заметил** *v* er bemerkte
плакала *uv* sie weinte
случилось *v* es passierte
оскорбила *v* sie beleidigte

уехала *v* **в** sie fuhr nach

забудь *v* vergiss; **передать** *v* (über-)geben

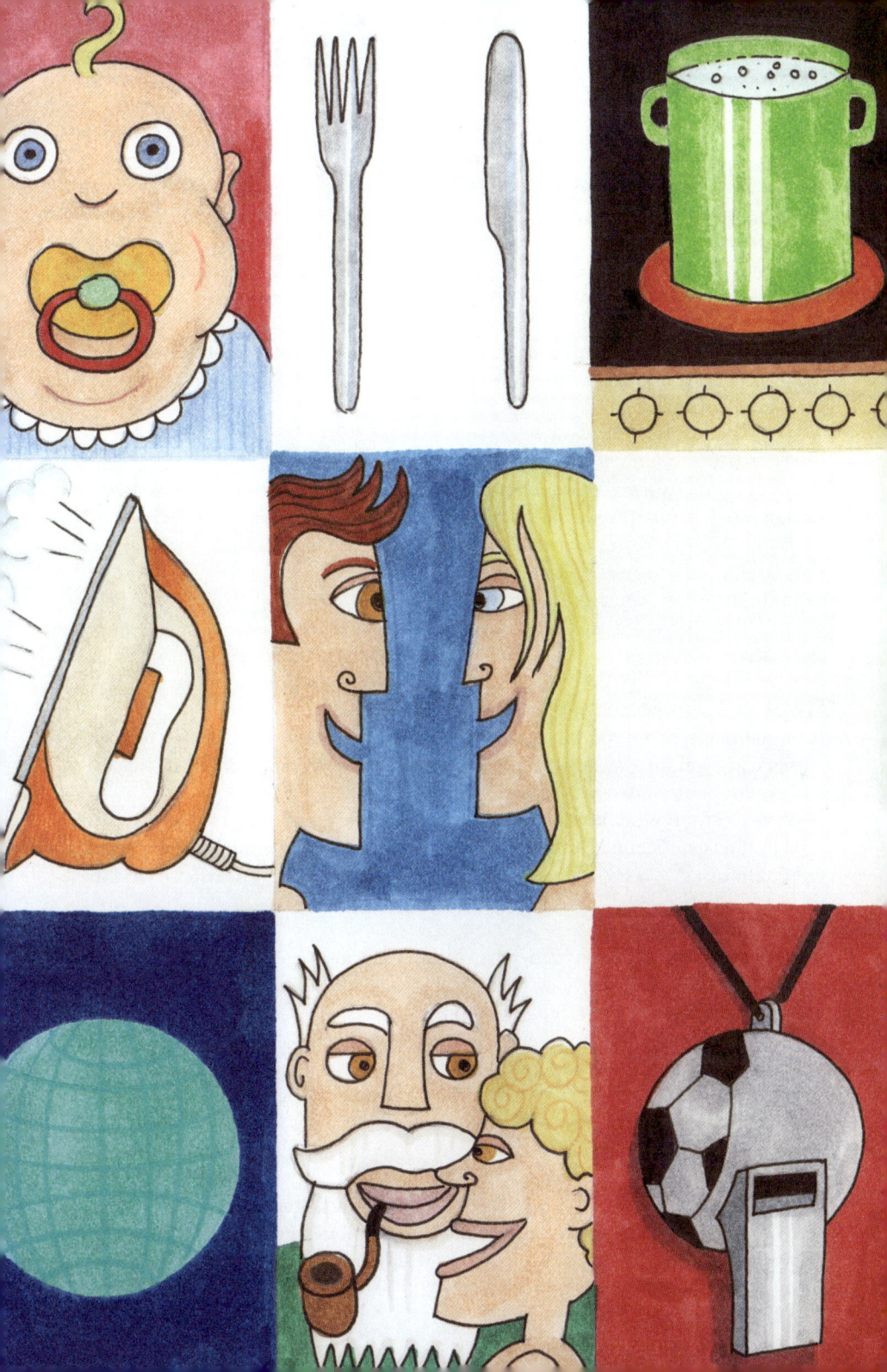

Das Substantiv im Instrumental
Творительный падеж

Lernen Sie den schwarz gedruckten Teil des Textes kennen.	Bei der Vokabelhilfe ist die Endung farblich markiert: **männlich**, **weiblich**, **sächlich**.

Пе́тенька

Петенька всегда́ **здоро́вается** с широкой **улы́бкой**, а прощается с весёлым смехом. Иногда и машет рукой. **За** столо́м он **уме́ло де́йствует** и **пра́вой**, и **ле́вой рукой**. Он не пользуется ложкой, хотел бы вилкой, но нельзя.

здоро́вается *uv* er grüßt
улы́бка Lächeln
за + *Instr* hinter
уме́ло gekonnt; **он де́йствует** *uv* er agiert;
  пра́вый rechts; **ле́вый** links; **рука́** Hand

Петру́ша

Петруша **знако́мится** с **ми́ром**, а мир знакомится с ним. Мальчик успевает везде оставить свой след и рукой, и ногой. Он гордится знакомством с холодной водой, горячей плитой. Ой, ой, ой! **Интересу́ется мно́гим**, но **пока́ ма́ло знает**.

он знако́мится *uv* **с** + *Instr* er lernt kennen;
  мир Welt; **с** + *Instr* mit

он интересу́ется *uv* + *Instr* er interessiert
  sich für; **мно́гое** vieles; **пока́** bis jetzt; **ма́ло**
  wenig; **он зна́ет** *uv* er weiß

Пе́тя

Петя **занима́ется футбо́лом**. Он знако́мится с **де́вушкой** и ходит с ней в кино. Он гордится ею, потому что она хорошенькая. Что **лучше**: кино́ с девушкой или футбо́л с **побе́дой**? Петя **хо́чет стать футболи́стом**.

он занима́ется *uv* + *Instr* er beschäftigt sich
  mit; **де́вушка** Mädchen

лу́чше besser
побе́да Sieg; **он хо́чет** *uv* er will; **стать** *v* +
  Instr werden; **футболи́ст** Fußballspieler

Пётр Па́влович

Пётр Павлович стал **инжене́ром**, но **рабо́тает те́хником**. Он считает себя специалистом по компьютерам. Футбо́лом ещё интересу́ется, но с девушкой в кино уже не хо́дит. Она **его жена́** и занима́ется домашним **хозя́йством** и Петенькой. Малыш интересуется не плитой, а электрическим утюгом.

инжене́р Ingenieur
он рабо́тает *uv* er arbeitet; **те́хник** Techniker

его жена́ seine Frau
хозя́йство Haushalt, Wirtschaft

Дедушка Петя

Пётр Па́влович стал **дедушкой**, **пенсионе́ром** и **футбо́льным судьёй**.

де́душка Großvater
пенсионе́р Pensionist
футбо́льный судья́ Fußballschiedsrichter

Analysieren Sie die farblich unterlegten Substantivendungen im Instrumental.

a) Wie lautet die Instrumentalendung der weiblichen Substantive? Welche haben einen palatalen Stammauslaut, welche nicht?

актри́сой
хи́мией
А́ней
семьёй

Wann lautet die Endung -ёй?

b) Welche gemeinsame Endung haben die männlichen und sächlichen Substantive? Wie wird der nicht palatale Stammauslaut vom palatalen unterschieden?

до́мом
актёром
Андре́ем
рублём
хозя́йством
зда́нием
бельём

Wann lautet die Endung -ём?

Петенька

Петенька всегда здоровается с широкой улыбкой, а прощается с весёлым смехом. Иногда и машет рукой. За столом он умело действует и правой, и левой рукой. Он не пользуется ложкой, хотел бы вилкой, но нельзя. [...]

Петя

Петя занимается футболом. Он знакомится с девушкой и ходит с ней в кино. Он гордится ею, потому что она хорошенькая. Что лучше: кино с девушкой или футбол с победой? Петя хочет стать футболистом.

Пётр Павлович

Пётр Павлович стал инженером, но работает техником. Он считает себя специалистом по компьютерам. Футболом ещё интересуется, но с девушкой в кино уже не ходит. Она его жена и занимается домашним хозяйством и Петенкой. Малыш интересуется не плитой, а электрическим утюгом.

Дедушка Петя

Пётр Павлович стал дедушкой, пенсионером и футбольным судьёй.

Das Substantiv im Instrumental

Die Endung des männlichen Substantivs: -ом

Die Endung -ом wird an den nicht palatalen Stammauslaut angefügt. Aussprache: [əm] unbetont, [om] betont.

Ist der Stammauslaut palatal, folgt -ем [ım] unbetont, -ём [om] betont.

Rechtschreibregel

Die Funktion des weichen Zeichens ь vom Nominativ ist im -ем und -ём enthalten.

Bei Wörtern, die in der letzten Silbe den Vokal -o/-ё oder -e haben, fällt dieser ab dem Genitiv häufig aus. Wann, ist nicht vorhersehbar und muss gelernt werden.

Die Endung des sächlichen Substantivs lautet wie die des männlichen: -ом

Die Endung -ом tritt an die Stelle des -o, wenn der Stammauslaut nicht palatal ist. Aussprache: [əm] unbetont, [om] betont. Ist der Stammauslaut jedoch palatal, finden wir im Schriftbild die Endungen -ем [ım] unbetont und -ём [om] betont.

Die Substantive auf -мя bilden den Instrumental auf -енем.

Rechtschreibregel

Beim Stammauslaut auf ш, ж, ц und ч, щ schreiben wir die Endung -ем, wenn sie unbetont ist.
In betonter Stellung schreibt man -ом.

ми́ром ['mʲirəm] *мир* Welt, Friede
Der Stamm endet auf den nicht palatalen Konsonanten [r]. Man schreibt:

-Konsonant + ом

портфе́лем [pɐrtˈfʲelʲım] *портфе́ль* Aktentasche
Der Stamm endet auf den palatalen Konsonanten [lʲ]. Man schreibt:

-Konsonant + ём

отéц	с отцóм	Vater
пáрень	с пáрнем	Bursche
лёд	льдóм	Eis
день	днём	tagsüber

о́блаком ['obɫəkəm] *о́блако* Wolke
Der Stamm endet auf den nicht palatalen Konsonanten [k]. Im Schriftbild sehen wir:

-Konsonant + ом

пóлем ['polʲım] *пóле* Feld
Der Stamm endet auf den palatalen Konsonanten [lʲ]. Im Schriftbild zeigt sich:

-Konsonant + ем

каки́м вре́менем го́да zu welcher Jahreszeit

карандашóм	[kərəndɐˈʂom]	Stift
врачóм	[vrɐˈtɕom]	Arzt
товáрищем	[tɐˈvarʲɪɕːəm]	Genosse
сóлнцем	['sontsəm]	Sonne

Die Endung des weiblichen Substantivs: -ой

Auch hier gibt es im Schriftbild drei Möglichkeiten:

-**ой** nach nicht palatalem Endkonsonanten: [əj] unbetont, [oj] betont,
-**ей** nach palatalem unbetont [ɪj] und
-**ёй** betont [oj].

DieGruppederweiblichenSubstantiveauf -ь bildet den Instrumental auf -ью.

до**чь**	с до́че**рью**	mit der Tochter
ма**ть**	с ма́те**рью**	mit der Mutter

Die Substantive auf -a, die nach dem natürlichen Geschlecht männlich sind, werden wie die weiblichen Substantive dekliniert.

побе́д**ой** [pɐˈbʲedəj] *побе́да* Sieg
Der Stamm endet auf den nicht palatalen Konsonanten [d]. Im Schriftlichen ergibt sich:

> -Konsonant + ой

О́л**ей** [ˈolʲɪj] *О́ля* Olja
Das Substantiv endet auf den palatalen Konsonanten [lʲ]. Wir lesen:

> -Konsonant + ёй

с по́мощ**ью**	[ˈpoməɕːjʊ]	mit Hilfe
с любо́в**ью**	[lʲʊˈbovʲjʊ]	mit Liebe
смолодёж**ью**	[məlɐˈdʲjozjʊ]	mit der Jugend
но́ч**ью**	[ˈnotɕjʊ]	in der Nacht
о́сен**ью**	[ˈosʲmʲjʊ]	im Herbst

с мо**и́м Ко́л**ей mit meinem Kolja
со ста́**рым праде́душк**ой
mit dem alten Urgroßvater

Das Adjektiv im Instrumental

Петенька

Петенька всегда здоровается с **широ́кой** улы́бкой, а проща́ется с весёлым сме́хом. Иногда́ и ма́шет руко́й. За столом он умело действует и правой, и левой рукой. Он не по́льзуется ло́жкой, хотел бы ви́лкой, но нельзя́.

широ́кий breit

он проща́ется *uv* er verabschiedet sich; **весёлый** fröhlich; **смех** Lachen; **он ма́шет** *uv* **руко́й** er winkt mit der Hand

ло́жка Löffel

он хоте́л *uv* **бы** er möchte; **ви́лка** Gabel; **нельзя́** man darf nicht

Петруша

Петруша знакомится с миром, а мир знакомится с ним. Мальчик успева́ет везде́ оста́вить свой след и рукой, и ного́й. Он горди́тся знако́мством с холо́дной водо́й, горя́чей плито́й. Ой, ой, ой! Интересуется многим, но пока мало знает.

он успева́ет *uv* er schafft es

везде́ überall; **оста́вить** *v* hinterlassen; **свой след** seine Spur; **нога́** Fuß; **он горди́тся** *uv* + *Instr* er ist stolz auf; **холо́дный** kalt; **вода́** Wasser; **горя́чий** heiß; **плита́** Platte; **ой**! au!

Петя

Петя занимается футболом. Он знакомится с девушкой и хо́дит с ней в кино. Он гордится ею, потому́ что она хоро́шенькая. Что лучше: кино с девушкой или футбол с победой? Петя хочет стать футболистом.

он хо́дит *uv* er geht; **с ней** mit ihr

потому́ что weil; **хоро́шенький** hübsch, nett

Пётр Павлович

Пётр Павлович стал инженером, но работает техником. Он счита́ет себя специали́стом по компью́терам. Футболом ещё интересуется, но с девушкой в кино уже не ходит. Она его жена и занимается дома́шним хозяйством и Петром Петро́вичем. Петенька интересуется не плито́й, а электри́ческим утюго́м.

он счита́ет *uv* **себя** + *Instr* er hält sich für; **специали́ст по компью́терам** *Dat Pl* Computerspezialist

дома́шний Haus-

он интересу́ется *uv* + *Instr* er interessiert sich für; **электри́ческий утю́г** elektrisches Bügeleisen

Дедушка Петя

Пётр Павлович стал дедушкой, пенсионером и футбольным судьёй.

Analysieren Sie die farblich unterlegten Adjektivendungen des Instrumentals.

a) Wie lautet die Endung der weiblichen Adjektive im Instrumental?

tёплой
ти́хой
ра́нней

b) Die Endungen der männlichen und sächlichen Adjektive sind die gleichen. Wie lauten sie?

холо́дным	холо́дным
други́м	други́м
по́здним	по́здним

Durch welche Endung wird der palatale Stammauslaut gekennzeichnet?

Петенька

Петенька всегда здоровается с широкой улыбкой, а прощается с весёлым смехом. Иногда и машет рукой. За столом он умело действует и правой, и левой рукой. Он не пользуется ложкой, хотел бы вилкой, но нельзя.

Петруша

Петруша знакомится с миром, а мир знакомится с ним. Мальчик успевает везде оставить свой след и рукой, и ногой. Он гордится знакомством холодной водой, горячей плитой. Ой, ой, ой! Интересуется многим, но пока знает мало. […]

Пётр Павлович

Пётр Павлович стал инженером, но работает техником. Он считает себя специалистом по компьютерам. Футболом ещё интересуется, но с девушкой в кино уже не ходит. Она его жена и занимается домашним хозяйством и Петром Петровичем. Петенька увлечён не плитой, а электрическим утюгом.

Дедушка Петя

Пётр Павлович стал дедушкой, пенсионером и футбольным судьёй.

Die Endung des weiblichen Adjektivs lautet: -ой

unbetont [əj] und betont [oj].
Die Endung lautet -ой, wenn der Stammauslaut nicht palatal ist.
Ist der Stammauslaut palatal, lautet die stets unbetonte Endung -ей [ɪj].

тёмной [ˈtʲomnəj] *тёмная* dunkel
Der Stamm endet auf den nicht palatalen Konsonanten [t]. Man schreibt:

-Konsonant + ой

весе́нней [vʲɪsʲenʲɪj] *весе́нняя* Frühlings-
Der Stamm endet auf den palatalen Konsonanten [nʲ]. Man schreibt:

-Konsonant + ей

Das Adjektiv im Instrumental

Rechtschreibregel

Beim Stammauslaut auf **ш** und **ж** schreiben wir die Endung **-ей**, wenn sie unbetont ist.
In betonter Stellung schreibt man **-ой**.

мла́дшей	[ˈmɫatʂəj]	jünger
большо́й	[bɐlʲˈʂoj]	groß

Die Endung des **männlichen** und **sächlichen Adjektivs: -ым**

a) Wenn der Stammauslaut nicht palatal ist, lautet die Endung **-ым**:
[ɨm] unbetont und betont.

све́тлым	[ˈsvʲetɫɨm]	hell
молоды́м	[məɫɐˈdɨm]	jung

Der Stammauslaut ist nicht palatal. Im Schriftbild sehen wir:

-Konsonant + ым

b) Ist der Stammauslaut palatal, lautet die Endung **-им** [im]. Diese ist nie betont.

осе́нним [ɐˈsenʲim] Herbst-

Der Stamm endet auf [nʲ]. Im Schriftbild sehen wir:

-Konsonant + им

Ausspracheregel

Nach **-к, -г, -х** folgt **-им**.

дороги́м	[dɐrɐˈɡʲim]	teuer

Aussprache- und Rechtschreibregel

Beim Stammauslaut auf **-ш, -ж** folgt die Endung **-им**. Aussprache [ɨm] unbetont und betont.

мла́дшим	[ˈmɫatʂɨm]	jünger
све́жим	[ˈsvʲeʐɨm]	frisch
чужи́м	[tɕʊˈʐɨm]	fremd

Possessivpronomen

моим	*моей*
твоим	*твоей*
его его её	
нашим	*нашей*
вашим	*вашей*
их	

Demonstrativpronomen

этим	*этой*

Personalpronomen (кем?)

мной	*нами*
тобой	*вами*
им, им, ей/ею	*ими*

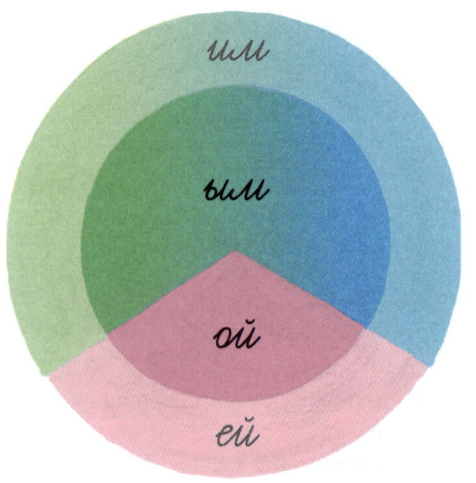

Logisches Subjekt in Passivkonstruktionen	Кни́га напи́сана *v* неиз- ве́стн**ым** а́втор**ом**.	Das Buch wurde von einem unbe- kannten Autor geschrieben.
Prädikat	стать *v* ма́тер**ью** рабо́тать *uv* учи́тельниц**ей** быть интере́сн**ым** челове́к**ом**	Mutter werden als Lehrerin arbeiten ein interessanter Mensch sein
Objekt a) Da es den Instru- mental im Deutschen nicht gibt, wird seine Grundbedeutung „womit" häufig durch „mit" übersetzt. b) Als Ergänzung von Verben wird der Instrumental im Deutschen mit dem Akkusativ übersetzt c) oder auch mit verschiedenen Präpo- sitionen.	a) маха́ть *uv* рук**о́й** писа́ть *uv* карандаш**о́м** ре́зать *uv* нож**о́м** b) наслажда́ться *uv* жи́знь**ю** по́льзоваться *uv* словар**ём** владе́ть *uv* язык**о́м** c) занима́ться *uv* му́зык**ой** интересова́ться *uv* исто́ри**ей** заболе́ть *v* анги́н**ой**	**mit** der Hand winken **mit** dem Stift schreiben **mit** dem Messer schneiden **das** Leben genießen **ein** Wörterbuch verwenden **eine** Sprache beherrschen sich **mit** Musik beschäftigen sich **für** Geschichte interessieren **an** Angina erkranken
Verb + Präposition + Instrumental	говори́ть *uv* с до́черь**ю** сиде́ть *uv* **над** диссерта́ци**ей**	**mit** der Tochter reden **an** der Dissertation sitzen
Attribut	кни́га **с** кра́сн**ой** обло́жк**ой**	das Buch **mit** dem roten Umschlag
Umstand Ort	идти́ *uv* бе́рег**ом** **над** го́род**ом** **под** земл**ёй** **пе́ред** музе́**ем** **ме́жду** до́м**ом** и са́д**ом** **за** до́м**ом** **ря́дом с** ним	**am** Ufer entlanggehen **über** der Stadt **unter** der Erde **vor** dem Museum **zwischen** Haus und Garten **hinter** dem Haus **neben** ihm
Zeit	ра́нн**им** ле́т**ом** Он жил *uv* там ещё ребёнк**ом**.	**im** Frühsommer Er lebte dort **als** Kind.
Art und Weise	говори́ть *uv* ти́х**им** го́лос**ом** слу́шать *uv* **с** интере́с**ом**	**mit** leiser Stimme reden **mit** Interesse zuhören

Übungen zum Instrumental

I1 Wie lautet der Nominativ?

Welches Geschlecht hat das Substantiv?
Ist der Stammauslaut palatal oder nicht?

• Verdecken Sie die rechte Seite ab der Linie 1. Bilden Sie den Nominativ.
Nehmen Sie den Farbcode als Hilfe bei der Bestimmung des Geschlechtes.
• Verdecken Sie die rechte Seite ab der Linie 2 und bilden Sie den Nominativ.
Üben Sie schriftlich und mündlich.

	2	1			2	1
Николаем		Николай	рукóй		рукá
днём		день	историей		история
осенью		осень	отцóм		отец
домом		дом	ночью		ночь
улыбкой		улыбка	Аней		Аня
победой		победа	столóм		стол
Марией		Мария	Наташей		Наташа
солью		соль	церковью		церковь
утюгóм		утюг	окном		окно
солнцем		солнце	кольцóм		кольцó

Sie können die vorangehende Aufgabe auch umgekehrt machen:

I2 Wie lautet der Instrumental?

Verdecken Sie die linke Seite und bilden Sie den Instrumental mit oder ohne Hilde des Farbcodes.

I3 Bilden Sie den Instrumental. Verdecken Sie die Lösungen.

Beachten Sie folgende **Rechtschreibregel**: Nach **ж, ш, ц** und **щ, ч** steht in unbetonten Endungen **-e,** in betonten Endungen **-o.**

грош	грошом	стóрож	сторожем	отéц	отцом
плащ	плащом	муж	мужем	абзáц	абзацем
кирпич	кирпичом	коллáж	коллажем	нéмец	немцем
лицó	лицом	цари́ца	царицей	огурéц	огурцом
яйцó	яйцом	плач	плачем	колóдец	колодцем
овцá	овцой	пейзáж	пейзажем	этáж	этажом

Prägen Sie sich die Betonungen gut ein!

Wie lauten die Adjektive bzw. die Possessivpronomen?	Verdecken Sie die Lösungen. Achten Sie auf die Betonungen.	14

• Auf welcher Silbe sind die männlichen Formen der Adjektive betont?
Bilden Sie den Nominativ. Verdecken Sie ab Linie 1 die rechte Seite.
• Gehen Sie vom Nominativ aus und bilden Sie die männlichen und weiblichen Formen des Instrumentals.

С каким другом?
Mit welchem Freund?

С какой подругой?
Mit welcher Freundin?

		1		2	
jung	молодым	молодо́й	....		молодой
nett	приятным	прия́тный	....		приятной
gut	хорошим	хоро́ший	....		хорошей
lieb	дорогим	дорого́й	....		дорогой
Schul-	школьным	шко́льный	....		школьной
Studien-	студенческим	студе́нческий	....		студенческой
russisch	русским	ру́сский	....		русской
gesellig	общительным	общи́тельный	....		общительной
treu	верным	верный	....		верной
dein	твоим	твой	....		твоей
ihr	её	её	....		её
unser	нашим	наш	....		нашей

Bilden Sie Sätze mit den Adjektiven aus Übung **14** nach folgendem Muster:	15

Ле́на встреча́ется со шко́льной подру́гой. **встреча́ться с** *uv* sich treffen mit
Мы проща́емся со ста́рым дру́гом. **проща́ться с** *uv* sich verabschieden von
Ко́стя дру́жит с общи́тельной де́вушкой. **дружи́ть с** *uv* befreundet sein mit
На́стя интересу́ется у́мным па́рнем. **интересова́ться** *uv + Instr* sich interessieren für

Übungen zum Instrumental

16 Ergänzen Sie die Endungen.

Sie können die Übung unterschiedlich schwierig gestalten:
- Verdecken Sie ab Linie 1, also nur die Substantivendung.
- Verdecken Sie ab Linie 2. Der Farbcode bleibt als Hilfe bei der Bestimmung des Geschlechtes.
- Verdecken Sie ab Linie 3.

		3	2	1
с	Ваш~ по́мощ~	🟪	ей	ью
с	бо́льш~ интере́с~	🟩	им	ом
со	стар~ учи́тел~	🟩	ым	ем
за	дорог~ гост~	🟩	им	ем
со	свеж~ картофел~	🟩	им	ем
со	сладк~ морко́в~	🟪	ой	ью
перед	древн~ Кремл~	🟩	им	ём
над	высок~ дом~	🟩	им	ом
с	недово́льн~ лиц~	🟦	ым	ом
	ранн~ утр~	🟦	им	ом
	поздн~ зим~	🟪	ей	ой
	громк~ го́лос~	🟩	им	ом

17 Verbinden Sie die zusammengehörigen Adjektive und Substantive. Dabei entsteht das daneben skizzierte Muster.

сходить за _v + Instr_ holen

чёрным	вино́м
свежим	штру́делем
австрийским	мясом
красным	хлебом
полусухи́м	шампанским
оли́вковым	моро́женым
бразильским	лу́ком
зелёным	кофе
ванильным	ма́слом

92

Beantworten Sie die Fragen und verwenden Sie die Präpositionen
с mit; **рядом с** neben; **перед** vor; **между** zwischen; **за** hinter, nach.

С кем гуляет спокойный дедушка?	Он гуляет с ....
С кем гуляет маленькая внучка?	Она гуляет с ....
Где толстый дядя?	Он между ....
Где строгая бабушка?	Она между..
Где голодная собака?	Она за ....
	перед ....
Где живая девочка?	Она между..
Где сытая кошка?	Она перед ....
	рядом с ....
Где модная африканка?	Она между..
Где китаец с рюкзаком?	Он за спокойным дедушкой,
	за маленьк- внучк-,
	за толст- ....
Где мяч?	за ....

спокóйный дедушка
маленькая внýчка
толстый дядя
стрóгая бабушка
голóдная собака
живáя девочка
сы́тая кошка
китáец с рюкзакóм
мóдная африкáнка

19 Übersetzen Sie vom Russischen ins Deutsche und umgekehrt.

со **мной**	mit mir	с ра́дост**ью**	mit Freude
с **тобо́й**	mit dir	с любо́в**ью**	mit Liebe
с **ним**	mit ihm	с удово́льстви**ем**	mit Vergnügen
рядом с **ней**	neben ihr	с го́рдост**ью**	mit Stolz
перед **нами**	vor uns	с уваже́ни**ем**	mit Verehrung
между **вами**	zwischen euch	с интере́с**ом**	mit Interesse
за **ними**	nach ihnen	с нетерпе́ни**ем**	mit Ungeduld

110 Achtung beim Verb поздравлять *uv* кого с чем!

Я поздравляю	**тебя**	с днём рождения!
Ich gratuliere	**dir**	zum Geburtstag.

111 Wie lautet der Nominativ?

с днём рождения!	день рожде́ния	Geburtstag
с сыном, с дочкой!	сын, до́чка	Sohn, Tochter
с Новым годом!	Но́в**ый** год	Neujahr
с Рождество́м!	Рождество́	Weihnachten
со Свято́й Па́схой!	Свят**а́я** Па́сха	Ostern
с Женским днём!	Же́нск**ий** день	Frauentag
с победой!	побе́д**а**	Sieg
с публикацией!	публика́ци**я**	Publikation
с юбилеем!	юбиле́**й**	Jubiläum
с праздником!	пра́здник	Fest, Feiertag

над über
za hinter
между zwischen   рядом с
перед vor   neben
под unter

Muster

Где жёлтая кружка?

Под тонким стеклянным бокалом.

Над хлебной доской.

Между стеклянным бокалом и хлебной доской.

бокалом, кружкой, чайной ложкой, доской, карандашо́м, кастрюлей, сковородкой, бутылкой, вилкой, ножо́м, мылом, крышкой, полотенцем

эмалиро́ванная металли́ческая
натура́льное, лава́ндовое
тонкий, суперто́лстый
стекля́нный, мо́крый
длинный, коро́ткий
красный, зелёный
жёлтая, си́няя
чёрная, се́рая
по́лная, пуста́я
о́стрый, тупой
гря́зная, чи́стая
дешёвая, дорога́я
хлебная

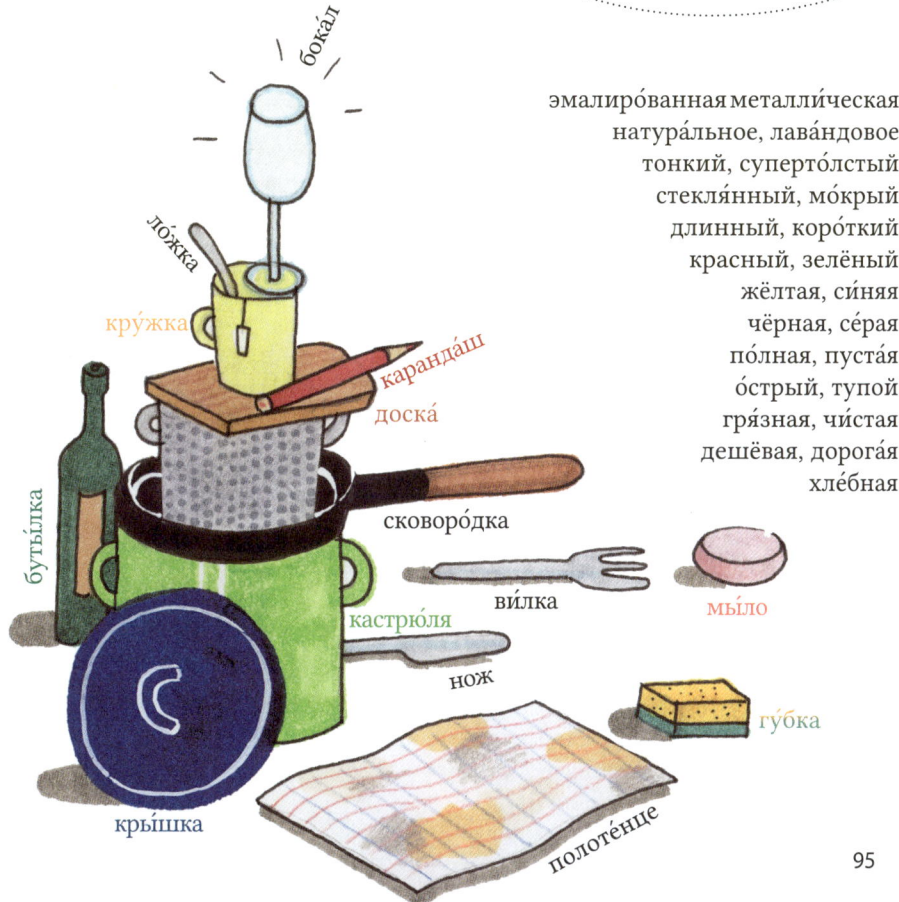

бока́л

ло́жка

кру́жка

каранда́ш

доска́

сковоро́дка

бутылка

ви́лка

мы́ло

кастрю́ля

нож

гу́бка

кры́шка

полоте́нце

113 Verdecken Sie die Lösungen rechts von der Trennungslinie. Ergänzen Sie den Text.

Картина пе́рвая

улыба́ясь *uv* lächelnd

плато́к Tuch

она́ ест *uv* sie isst; **нож** Messer

О́лечка весёленькая. С пап~ она́ всегда́ здоро́вается, широко́ улыба́ясь. Когда́ она́ проща́ется с ~, она́ иногда́ ма́шет платк~. За стол~ она́ де́йствует и прав~, и лев~ рук~. Она́ ест ложк~. Хоте́ла бы нож~, но нельзя́.

С **пап**ой

с **ним**

платк**о́м**; стол**о́м**
прав**ой**; ле́в**ой** рук**о́й**
ложк**ой**; нож**о́м**

Картина втора́я

све́жий frisch
са́хар Zucker
на полу́ *Präp* auf dem Boden; **я гото́влю** *uv* ich koche; **очеви́дно** offensichtlich

Оля уже́ больша́я. Она́ уже́ хо́дит. Оля лю́бит игра́ть со свеж~ хлеб~, с соль~ и с са́хар~. Сиди́т в кухне на полу́ и говори́т: Я гото́влю. Очеви́дно она́ знако́мится с мир~, а мир с ~.

со свеж**им** хлеб**ом**

с соль**ю**; с са́хар**ом**

с мир**ом**

с **ней**

Картина тре́тья

горди́ться *uv* + *Instr* stolz sein auf

Оля занима́ется балет~. Она́ знако́мится с ма́льчик~ и хо́дит с ~ на футбо́льный стадио́н. Она́ горди́тся ~, потому́ что он тако́й спорти́вный. Что интере́снее: ходи́ть с ма́льчик~ на стадио́н или ходи́ть в теа́тр? Она́ хо́чет стать балери́н~.

балет**ом**
с ма́льчик**ом**; с **ним**

им

с ма́льчик**ом**
балери́н**ой**

Картина четвёртая

учи́тельниц**а** Lehrerin

пылесо́с Staubsauger

О́льга Дми́триевна ста́ла учи́тельниц~ , но она́ рабо́тает до́ма. Она́ занима́ется домашн~ хозя́йств~, Петеньк~ и Олечк~. Петенька интересу́ется утю́г~, а Олечка пылесо́с~.

учи́тельниц**ей**

домашн**им** хозя́йств**ом**
Петенькой; Олечк**ой**
утю́г**о́м**
пылесо́сом

Картина пя́тая

О́льга Дми́триевна ста́ла бабушк~. Она́ регуля́рно хо́дит в теа́тр с до́чер~, а с муж~ на футбо́льный стадио́н.

бабушк**ой**

с до́чер**ью**; с муж**ем**

Legen Sie das Buch mit dem aufgeschlagenen Text in einiger Entfernung vom Schreibtisch ab, z. B. am Fenster.
Lesen Sie so viel vom Text, wie Sie sich merken können, und schreiben Sie ihn am Schreibtisch aus dem Gedächtnis auf. Dann holen Sie sich die nächste Portion. Zum Schluss vergleichen Sie die Texte.

1. *Lauftext*

— Ольга, что Вы будете есть: форель с картошкой или гуля́ш с кне́дликом?

— Спасибо, ни то, ни другое — я вегетарианка, буду есть овощной суп.

— А что ест Ваш сын?

— Он очень любит рыбу. Положи́те ему, пожалуйста, форель с картошкой.

2. *Lauftext*

— Вы сейчас говорили с вегетарианкой, а я не вегетарианец и люблю поесть!

— Есть отли́чное мясо с фасолью, хоти́те?

— С удово́льствием! И с со́усом, пожалуйста.

3. *Lauftext*

— Вы не знаете, с чем этот салат?

— Думаю, он не с майонезом, а со смета́ной. Попро́буйте!

— Спасибо, но лучше я возьму́ соси́ску с хре́ном.

4. *Lauftext*

— Что будет на сла́дкое?

— Сегодня будет торт с шокола́дным кре́мом, пиро́г с садо́вой мали́ной и пудинг с караме́льным сиро́пом.

— А я хочу моро́женое с вишнёвым варе́ньем!

Lektüre

Творительный падеж

не́бо	Himmel	Между небом и землёй	земля́	Erde
дождь	Regen	дождик пла́вает слепой —	слепо́й	blind
до́ждикслепо́й	Sonnenregen	дождь над ле́сом, над холмо́м,	холм	Hügel
дере́вня	Dorf	над деревней, над мосто́м,	мост	Brücke
сире́нь	Flieder	над сире́нью, над рекой,	река́	Fluss
		над тобой и надо мной,		
		дождик с радугой-дугой.	ра́дуга	Regenbogen
			ра́дуга-дуга	„Regenbogen-bogen"

Она люби́ла не́бо с о́блаком
и бе́рег с траво́й морско́й,
а он любил пиро́г с я́блоком,
суп с мясом и хлеб с колбасо́й,
пил вино,
ходи́л в кино,
занаве́шивал окно.

Она ему сказала:
«Дружо́чек, я уста́ла,
мне миле́е анапе́ст . —
он не пьёт и не ест.»

А он сказал:
«И я устал.
Ты церемо́нишься с хоре́ем,
а мы от го́лода звере́ем.
Возьми́ же свои́ я́мбы,
похо́жие на бо́мбы,
я не хочу воды́ морско́й
с траво́й и ры́бкой золото́й,
я пить хочу, и здесь всегда
есть у меня своя вода́,
поле́зная,
холо́дная,
водопрово́дная!»

Sie liebte den Himmel mit Wolken
und den Strand mit Seegras,
und er liebte Apfelkuchen,
Suppe mit Fleisch und Brot mit Wurst,
trank Wein,
ging ins Kino,
verhängte das Fenster.

Sie sagte ihm:
„Freundchen, ich bin's müde,
ein Anapäst ist mir lieber –
der trinkt nicht und isst nicht."

Er aber sagte:
„Ich bin's auch müde.
Du mühst dich mit Trochäen,
und wir werden vor Hunger aggressiv.
Nimm deine Jamben,
die sind ja wie Bomben,
ich mag kein Meerwasser
mit Gras und Goldfisch,
ich habe Durst, und hier habe ich immer
mein Wasser,
gesundes,
kaltes
Leitungswasser!"

Весной

просыпа́ется за реко́й ста́рый дом, зацвета́ет я́блоня, улыба́ется пе́рвый кро́кус. Ря́дом с крыльцо́м зелене́ет куст мали́ны. **Ожива́ет под весе́нним со́лнцем огоро́д** — и вот уже вся́кая пчела́ усе́рдно тру́дится.

Im Frühling

erwacht auf der anderen Seite des Flusses das alte Haus, beginnt der Apfelbaum zu blühen, **lacht der erste Krokus.** Neben dem Hauseingang leuchtet grün ein Himbeerstrauch. **Unter der Frühlingssonne belebt sich wieder der Garten** – und schon arbeitet jede Biene emsig.

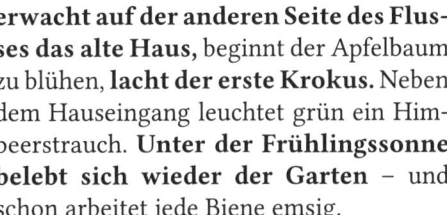

Ле́том

над ста́рым до́мом стои́т зной. За коло́дцем лежа́т бро́шенное ведро́ и ле́йка. **В ко́мнате за пло́тной за́навеской ти́хо спит стари́к. Ма́льчику ску́чно, он игра́ет за до́мом оди́н.**

Im Sommer

liegt drückende Hitze über dem Haus. Hinter dem Brunnen liegen ein vergessener Eimer und eine Gießkanne. **Im Zimmer** hinter dem dichten Vorhang **schläft leise ein Greis. Dem Jungen ist langweilig. Er spielt allein hinter dem Haus.**

О́сенью

ни́зко виси́т над высо́кой траво́й тяжёлая ветвь я́блони. Под де́ревом стои́т стари́к с ле́стницей и корзи́ной. Пти́чья ста́я уже собира́ется над са́дом. Над до́мом поднима́ется дым. **Смотри́ из-за угла́ выбега́ет ма́льчик с мячо́м!**

Im Herbst

hängt tief über dem hohen Gras ein schwerer Ast des Apfelbaums. Der Alte steht mit einer Leiter und einem Korb unter dem Baum. Ein Vogelschwarm sammelt sich schon über dem Garten. Über dem Haus steigt Rauch auf. **Sieh: Hinter der Ecke hervor läuft der Junge mit dem Ball!**

Зимо́й

над коло́дцем, над до́мом, над я́блоней, над го́лым кусто́м мали́ны лета́ют снежи́нки. **Стои́т си́льный моро́з.** На реке́ уже лежи́т то́лстый лёд. Забо́р завали́ло сне́гом. От крыльца́ к кали́тке легла́ у́зкая тропи́нка. **Пе́ред до́мом ма́льчик ле́пит сне́жную ба́бу,** но снег сухо́й и рассыпа́ется. Сего́дня сли́шком хо́лодно.

Winter

Über dem Brunnen, dem Haus, dem Baum und dem nackten Himbeerstrauch fliegen Schneeflocken. Es herrscht eisige Kälte. Auf dem Fluss liegt schon dickes Eis. Der Zaun ist schneebedeckt. Ein schmaler Pfad führt vom Hauseingang zum Gartentor. **Vor dem Haus baut der Junge einen Schneemann,** aber der Schnee ist trocken und zerfällt. Heute ist es zu kalt.

Lektüre

Хо́дят па́вы-де́вы кру́гом,
хо́дят бра́вы па́рни цу́гом —
заверте́лся хорово́д.

Уж мы то́пнем ного́й,
уж мы хло́пнем руко́й —
ла́дно пля́ска идёт!

Ны́нче с ми́лым не дружу́ —
я с други́ми попляшу́:
с Аверья́ном, со Степа́ном
и с беззу́бым старика́ном,

весели́ся, наро́д,
гро́мче му́зыка гудёт!

Mädchen wie Pfaue gehen im Kreis,
schneidige Burschen im Gänsemarsch,
und schon begann der Reigen.

Wir stampfen mit den Füßen,
wir klatschen mit den Händen –
gut geht unser Tanz!

Mit dem Liebsten bin ich heut nicht gut –
ich tanze ein wenig mit anderen:
mit Awerjan, mit Stefan
und dem zahnlosen Greis,

freut euch, Leute,
lauter dröhnt die Musik!

На верниса́же

— Мы уже́ встреча́лись.

— Да? Я не по́мню.

— Да, да. Э́то бы́ло в Санкт-Петербу́рге.

— В Петербурге? Я там никогда́ не была́.

— Тогда́ в Москве́.

— Э́то мо́жет быть.

— В Третьяко́вской галере́е.

— Я быва́ю там иногда́.

— Вы стоя́ли на второ́м этаже́, ах, в како́м же за́ле?

— Не помню.

— Вы бы́ли в кра́сном пла́тье.

— Э́то действи́тельно мо́жет быть. Отку́да у Вас така́я хоро́шая па́мять?

— Вы бы́ли еди́нственной же́нщиной в галере́е. Второ́й раз я Вас ви́дел на на́бережной Москвы́-реки́. Вы бы́ли не одна́, а с подру́гой.

— Что? Вы шли за мной?

— Нет, нет. Я по́мню, и́менно потому́ что ви́дел Вас два ра́за в Росси́и, а тепе́рь встре́тил в э́той галере́е в Ве́не.

— Вы разбира́етесь в иску́сстве?

— Я галери́ст.

— Я то́же.

— Вы из Росси́и?

— Я родила́сь в Ирку́тске.

— В Сиби́ри? Интере́сно. А где Ва́ша галере́я?

— Снача́ла я рабо́тала в галере́е в Новосиби́рске, пото́м в Екатеринбу́рге, а пото́м откры́ла ма́ленькую галере́ю в Москве́, почти́ в це́нтре.

— А как она́ называ́ется?

— Галере́я «Шесть падеже́й».

верниса́ж Vernissage
мы встреча́лись *uv* wir trafen uns
я по́мню *uv* ich erinnere mich

я быва́ю *uv* ich bin oft
Вы стоя́ли *uv* Sie standen

действи́тельно wirklich, tatsächlich
па́мять Gedächtnis
еди́нственная die einzige
галере́я Galerie
на́бережная Kai, Uferpromenade

и́менно gerade, eben
тепе́рь jetzt, nun

Вы разбира́етесь *uv* Sie kennen sich aus

снача́ла zuerst

откры́ла *v* sie eröffnete
почти́ fast
называ́ется *uv* heißt
шесть падеже́й *Gen Pl* die sechs Fälle

Das Substantiv im Präpositiv

Analysieren Sie die Substantivendungen. Nehmen Sie die farblich unterlegten Beispiele des Textes zu Hilfe.

a) Zwei Endungen des Präpositivs sind bei den männlichen, sächlichen und weiblichen Substantiven gleich. Welche?

в до́ме
в Тиро́ле
в санато́рии
в саду́

в иску́сстве
на по́ле
в зда́нии

в ко́мнате
о На́де
в Швейца́рии
на пло́щади

Durch die Endung **-e** wird jeder Stammauslaut palatalisiert, auch wenn er im Nominativ nicht palatal ist. Eine Ausnahme bilden die Konsonanten **ж, ш** und **ц.**
Die Endung **-и** kommt auch in allen drei Geschlechtern vor. Bei den weiblichen Substantiven ist die Endung **-и** die Folge von zwei verschiedenen Voraussetzungen. Welche sind gemeint?

На вернисаже

— Мы уже встречались.
— Да? Я не помню.
— Да, да. Это было **в** Санкт-Петербурге.
— **В** Петербурге? Я там никогда не была.
— Тогда **в** Москве.
— Это может быть.
— **В** Третьяковской галерее.
— Я бываю там иногда.
— Вы стояли **на** втором этаже, ах, **в** каком же зале?
— Не помню.
— Вы были **в** красном платье.
— Это действительно может быть. Откуда у Вас такая хорошая память?
— Вы были единственной женщиной **в** галерее. Второй раз я Вас видел на набережной Москвы-реки. Вы были не одна, а с подругой.
— Что? Вы шли за мной?
— Нет, нет. Я помню, именно потому что видел Вас два раза **в** России, а теперь встретил **в** этой галерее **в** Вене.
— Вы разбираетесь **в** искусстве?
— Я галерист.
— Я тоже.
— Вы из России?
— Я родилась **в** Иркутске.
— **В** Сибири? Интересно. […]

Das Substantiv im Präpositiv

Die Endung des männlichen Substantivs: -e

[ɪ] unbetont, [e] betont.
Die Endung -e gilt für **alle** männlichen Substantive, für solche mit nicht palatalem Stammauslaut und auch für solche mit palatalem.

в за́ле [ˈvzalʲɪ] *зал* Saal
в Тиро́ле [ftʲiˈrolʲɪ] *Тиро́ль* Tirol
Sowohl an das nicht palatale [ɫ] wie auch an das palatale [lʲ] wird die Endung -e angefügt. Somit ergibt sich im Schriftbild das Schema:

-Konsonant + e

Rechtschreibregel
Die Funktion des weichen Zeichens **ь** vom Nominativ ist im -e enthalten.

Ausspracheregel
Ш, ж, ц sind nie palatal. Die Endung -e wird in betonter Stellung [ɛ] gesprochen und in unbetonter [ə].

о малыше́ [ɐmɐɫɨˈʂɛ] малы́ш Knirps
в гараже́ [vgɐrɐˈʐɛ] гара́ж Garage
во дворце́ [vədvɐrˈtsɛ] дворе́ц Palast

Endet ein Substantiv auf **-ий**, lautet der Präpositiv **-ии**.

о Ю́рии [ɐˈjʉrʲii] *Ю́рий* Juri

Eine Reihe von meist einsilbigen Substantiven bildet auf die Frage „wo?", manchmal auf die Frage „wann?" den Präpositiv auf **-у** oder **-ю**. Die Betonung liegt immer auf der Endung.

нос, на носу́ auf der Nase
лоб, на лбу auf der Stirn
гроб, в гробу́ im Sarg
рай, в раю́ im Paradies
год, в году́ im Jahr

Die Endung des sächlichen Substantivs: -e

[ɪ] unbetont, [e] betont.
Die Endung -e gilt für **alle** sächlichen Substantive, unabhängig von der Palatalität des Stammauslautes.

на ме́сте [nɐˈmʲesʲtʲɪ] *ме́сто* Platz
на по́ле [nɐˈpolʲɪ] *по́ле* Feld
Die Endung lautet immer -e, unabhängig von der Palatalität des Stammauslautes. Im Schriftbild sehen wir:

-Konsonant + e

Endet ein sächliches Substantiv auf **-ие**, lautet der Präpositiv **-ии**.

в созна́нии im Bewusstsein
в оконча́нии in der Endung

Die sächlichen Substantive auf **-мя** bilden den Präpositiv auf **-ени**.

о вре́мени über die Zeit

Die Endung des weiblichen Substantivs: -e

[ɪ] unbetont, [e] betont.

Die Endung **-e** gilt auch bei **allen** weiblichen Substantiven, unabhängig von der Palatalität des Stammauslautes.

в кни́ге [ˈfknʲigʲɪ] *кни́га* Buch
о тёте [ɐˈtʲɵtʲɪ] *тётя* Tante
Die Endung ist in beiden Fällen -e.

-Konsonant + e

Ausspracheregel

Ш, ж, ц sind nie palatal. Die Endung **-e** wird in betonter Stellung [ɛ] gesprochen und in unbetonter [ə].

о Ма́ше	[ɐˈmaʂə]	Mascha
о прода́же	[ɐprɛˈdaʐə]	Verkauf
в больни́це	[vbɐlʲˈnʲitsə]	Krankenhaus

Weibliche Substantive auf **-ия** haben die Endung **-ии**.

в Росси́и [vrɐˈsʲiii] *Росси́я* Russland

Die Gruppe der weiblichen Substantive mit Nullendung auf -ь bildet den Präpositiv auf -и.

на вчера́шней дуэ́ли Duell
о далёкой Сиби́ри Sibirien
в тре́тьей ча́сти Teil
о двойно́й мора́ли Moral
о на́шей молодёжи Jugend
о мое́й свекро́ви Schwiegermutter

до́чь	о до́чери	über die Tochter
ма́ть	о ма́тери	über die Mutter

Das Adjektiv im Präpositiv

— Мы уже встречались.

— Да? Я не помню.

— Да, да. Это было в Санкт-Петербурге.

— В Петербурге? Я там никогда не была.

— Тогда в Москве.

— Это может быть.

— В Третьяковской галерее.

— Я бываю там иногда.

— Вы стояли на втором этаже, ах, в каком же зале?

— Не помню/знаю.

— Вы были в красном платье.

— Это действительно может быть. Откуда у Вас такая хорошая память?

— Вы были единственной женщиной в галерее. Второй раз я Вас видел на набережной Москвы-реки. Вы были не одна, а с подругой. [...]

a) Wie lautet die Endung der weiblichen Adjektive im Präpositiv? Wie wird der nicht palatale Stammauslaut im Schriftbild markiert?

весёлой
шестой
дома́шней

b) Die Endungen der männlichen und sächlichen Adjektive sind die gleichen. Welche Endung markiert im Schriftbild den nicht palatalen Stammauslaut?

гру́стному   гру́стному
глухо́му   глухо́му
за́втрашнему   за́втрашнему

Die Endung des weiblichen Adjektivs lautet: -ой

betont [oj] und unbetont [əj].
Im Schriftbild gibt es zwei Möglichkeiten.
Die Endung lautet -ой, wenn der Stammauslaut nicht palatal ist.
Ist der Stammauslaut jedoch palatal, lautet die Endung -ей.

у́зкой [ˈuskəj] у́зкая eng
Der Stamm endet auf den nicht palatalen Konsonanten [k]. Im Schriftbild sieht man:

-Konsonant + ой

сего́дняшней [sʲɪˈvodnʲɪʂnʲɪj] сего́дняшняя heutig
Der Stamm endet auf den palatalen Konsonanten [nʲ]. Man schreibt:

-Konsonant + ей

Aussprache- und Rechtschreibregel
Beim Stammauslaut auf ш und ж folgt die Endung -ей. Die Aussprache ist jedoch [əj].

прошéдшей   [prɐˈʂedʂəj]   vergangen

Die Endung des **männlichen** **und sächlichen** Adjektivs: -ом

Ist der Stammauslaut nicht palatal, lautet die Endung **-ом** betont [om], unbetont [əm].

Ist der Stammauslaut palatal, lautet die unbetonte Endung **-ем** [ɪm].

Aussprache- und Rechtschreibregel

Beim Stammauslaut auf **-ш, -ж** folgt die Endung **-ем**. Aussprache [əm] unbetont.

широ́ком [s̩ˈrokəm] breit, weit
круто́м [kruˈtom] steil

Der Stamm endet jeweils auf einen nicht palatalen Konsonanten. Man schreibt:

-Konsonant + ом

вече́рнем [vɪˈtɕernʲɪm] Abend-

Der Stamm endet auf den palatalen Konsonanten [nʲ]. Im Schriftbild sehen wir:

Konsonant + ем

проше́дшем [prɐˈʂɛtʂəm] vorig

Possessivpronomen

Demonstrativpronomen

этом   этой

Personalpronomen (о ком?)

Funktionen des Präpositivs im Satz

Objekt mit der Präposition о	Я расска́зываю *uv* **о** нём.	Ich erzähle **über** ihn.
	Мы по́мним *uv* **о** дне рожде́ния Ко́ли.	Wir erinnern uns **an** Koljas Geburtstag.
	Я давно́ мечта́ю *uv* **о** пое́здке в Росси́ю.	Ich träume schon lange **von** einer Reise nach Russland.
mit der Präposition в	Ты уве́рен **в** э́том челове́ке?	Vertraust du diesem Menschen?
	Мы убеждены́ **в** пра́вильности отве́та.	Wir sind überzeugt **von** der Richtigkeit der Antwort.
mit der Präposition на	Кто **на** ком жена́т?	Wer ist mit wem verheiratet?
	Мы останови́лись *v* **на** приме́ре.	Wir gingen **auf** das Beispiel ein.

Umstand Ort	Мы бы́ли **в** саду́.	Wir waren **im** Garten.
	Ты уже́ был **на** по́чте?	Warst du schon **auf** der Post?
	При шко́ле есть де́тский сад.	**Bei** der Schule gibt es einen Kindergarten.
Zeit	На́стя родила́сь *v* **в** 1990 году́ **в** ма́е.	Nastja wurde 1990 **im** Mai geboren.
	На выпускно́м ве́чере мы танцева́ли *uv* всю ночь.	**Am** Abschlussabend tanzten wir die ganze Nacht.
	при Путине	**Unter** Putin
Bedingung	**При** тако́м усло́вии я про́тив.	**Unter** einer solchen Bedingung bin ich dagegen.

Wie lautet der Nominativ?	Welches Geschlecht hat das Substantiv? Ist der Stammauslaut palatal oder nicht?

- Decken Sie die Lösungen ab der Linie 1 ab. Bilden Sie den Nominativ.
- Decken Sie ab Linie 2 ab und bilden Sie wieder den Nominativ.

Üben Sie mündlich und schriftlich.

2		1	2		1
в ресторане		ресторан	в доме		дом
в книге		книга	в саду́		сад
на юге		юг	в лесу́		лес
на вечере		вечер	в углу́		у́гол
в Кремле́		Кремль	в квартире		квартира
в начале		начало	в Германии		Германия
в конце́		конец	в аптеке		аптека
в галерее		галерея	на площади		площадь
в музее		музей	в Сибири		Сибирь
на море		море	в апреле		апрель
в платье		платье	на собрании		собрание
в июне		июнь	на лекции		лекция
в спальне		спальня	в больнице		больница
в мае		май	в раю́		рай
в письме		письмо́	в церкви		церковь

Wie lautet der Präpositiv?	Decken Sie die linke Seite der vorhergehenden Übung zu und bilden Sie nun den Präpositiv.

Lernen Sie, wann bei Zeitangaben **на**, wann **в** verwendet wird.

vorige Woche	на про́шлой неде́ле	в про́шлом ме́сяце	voriger Monat
diese Woche	на этой неделе	в декабре́	im Dezember
		в этом году́	in diesem Jahr
nächste Woche	на сле́дующей неделе	в бу́дущем году	im nächsten Jahr
nächste Woche	на бу́дущей неделе	в прошлом ве́ке	im letzten Jahrhundert

Übungen zum Präpositiv

P4 Beachten Sie bei den folgenden Beispielen den Unterschied von:
на *an/auf* und **в** *in*.

am	Мы встре́тились	**на** мор**е**.	Мы пла́вали	**в** мор**е**.	im
am		**на** о́зер**е**.		**в** озер**е**.	im
am		**на** рек**е́**.		**в** рек**е**.	im
am	Мы гуля́ли	**на** пля́**же**.		Ø	
auf		**на** о́стров**е**.		Ø	
		Ø	Мы сиде́ли	**в** комнат**е**.	im
		Ø		**в** столо́в**ой**.	im
mit	Мы прие́хали	**на** трамва**е**.	Мы чита́ли	**в** трамва**е**.	in
mit		**на** по́езд**е**.		**в** поезд**е**.	im
mit		**на** машин**е**.		**в** машин**е**.	im
mit		**на** велосипе́д**е**.		Ø	

P5 Lernen Sie, wann Sie bei Ortsangaben **в**, wann **на** verwenden.

в магази́не, в о́фисе	на ры́нке, на заво́де, на фа́брике
в теа́тре, в консервато́рии	на бале́те, на конце́рте, на спекта́кле, на вы́ставке, на стадио́не
в шко́ле, в институ́те	на уро́ке, на факульте́те
в кла́ссе, в аудито́рии	на ле́кции, на семина́ре, на заня́тии, на экза́мене, на ку́рсе, на кани́кулах

P6 **Aussprache:** Die Endung -e palatalisiert alle Endkonsonanten. Aber **ш, ж, ц** bleiben trotzdem nicht palatal. Das bedeutet, dass Aussprache und Schriftbild nicht übereinstimmen.

-ше unbetont [s̠ə], betont [s̠ɛ]
-же unbetont [z̠ə], betont [z̠ɛ]
-це unbetont [tsə], betont [tsɛ]

Achten Sie auf die Betonung. Lesen Sie laut.

в ка́ше	на этаже́	на у́лице
в гуля́ше	в Пари́же	во дворце́
в пу́нше	в гараже́	об отце́
о малыше́	о Серёже	в гости́нице

P7

P8

Lautet der Präpositiv bei folgenden Substantiven auf **-e** oder **-и**? Ziehen Sie die Linien.

Wie lautet der Nominativ der folgenden Substantive? Ziehen Sie die Linien.

в истори~
в гости́ниц~
в квартир~

в Италии
на экску́рсии
в санатории

иЯ

и

в аудито́ри~
в любв~
на рабо́т~
на ро́дин~

наконференции
на заня́тии
в кафете́рии
в путеше́ствии

ий

е

на дуэл~
на ло́шад~
в рол~

в лаборато́рии
в зда́нии
на откры́тии

ие

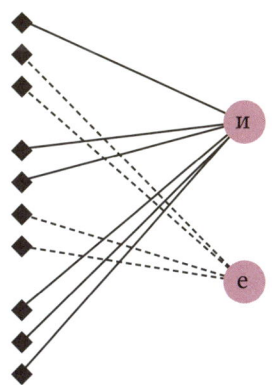

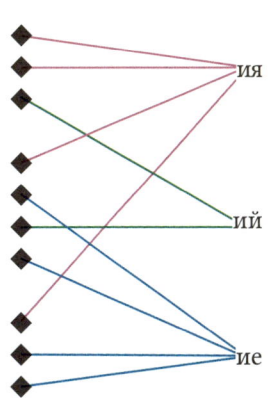

ия

ий

ие

Wann lautet bei folgenden Beispielen der Präpositiv auf -e , wann auf -у?

P9

Мы гуля́ли **в** Наро́дном саду́.
Ребёнок игра́ет **на** гря́зном снегу́.
Ты чита́ешь в уче́бнике **о** Ве́нском ле́се.
По́весть Го́голя **о** но́се чино́вника.
Жела́ем Вам сча́стья в Но́вом году́.

Мы по́мним **о** са́де на́шего дя́ди.
Он мечта́ет **о** бе́лом сне́ге.
А ты была́ **в** Ве́нском лесу́?
На носу́ сиди́т кома́р.
А тепе́рь расскажи́те о ста́ром го́де.

Übungen zum Präpositiv

	Üben Sie mündlich. Bilden Sie die weiblichen Formen im Nominativ.	Üben Sie schriftlich. Bilden Sie die sächliche Form im Präpositiv.	Üben Sie mündlich. Bilden Sie die männliche Form im Nominativ.
	Она в какой юбке? Welchen Rock hat sie an?	**В каком платье?** Welches Kleid?	**В каком плаще? Какой плащ?** Welchen Regenmantel? Welcher?

German	Präp. (ж.)	Nom. (ж.)		Präp. (м.)	Nom. (м.)
modisch	модной	модная	……	модном	модный
eng	узкой	узкая	……	узком	узкий
teuer	дорогой	дорогая	……	дорогом	дорогой
bequem	удобной	удобная	……	удобном	удобный
schön	красивой	красивая	……	красивом	красивый
schmutzig	грязной	грязная	……	грязном	грязный
rot	красной	красная	……	красном	красный
blau	синей	синя	……	синем	синий
braun	коричневой	коричневая	……	коричневом	коричневый
kurz	короткой	короткая	……	коротком	короткий
grün	зелёной	зелёная	……	зелёном	зелёный
gelb	жёлтой	жёлтая	……	жёлтом	жёлтый
rosa	розовой	розовая	……	розовом	розовый
schwarz	чёрной	чёрная	……	чёрном	чёрный
Sommer-	летней	летняя	……	летнем	летний

Übungen zum Präpositiv

Ergänzen Sie die Endungen.　**P11**

Sie können die Übung unterschiedlich schwierig gestalten:
• Verdecken Sie ab Linie 1, 2 oder 3 die rechte Seite.
• Decken Sie die Präposition ab und üben Sie die Verwendung von в und на.

Lesen Sie die Wortgruppen laut und mit der Zeit immer geläufiger.
Schreiben Sie auf ein Extrablatt.

				3	2	1
в	чуж~	стран~			-ой	-е
в	хорош~	ресторан~			-ем	-е
в	стар~	церкв~			-ой	-и
на	наш~	улиц~			-ей	-е
на	Дальн~	Восток~			-ем	-е
на	послéдн~	останóвк~			-ей	-е
на	треть~	лини~			-ей	-и
на	нов~	машин~			-ой	-е
на	перв~	метр~			-ом	-о
на	центральн~	вокзáл~			-ом	-е
в	котóр~	час~			-ом	-у
в	будущ~	мéсяц~			-ем	-е
на	прошл~	недел~			-ой	-е
в	эт~	год~			-ом	-у
в	шестнáдцат~	век~			-ом	-е
на	толст~	льд~			-ом	-у
на	прав~	берег~			-ом	-у
в	вишнёв~	сад~			-ом	-у
на	зелён~	луг~			-ом	-у
в	тёмн~	лес~			-ом	-у
в	ваш~	семь~			-ей	-е
на	верхн~	ряд~			-ем	-у
на	грязн~	пол~			-ом	-у
в	чист~	ванн~			-ой	-ой/-е
в	студенческ~	столов~			-ой	-ой

113

Übungen zum Präpositiv

P12 Übersetzen Sie vom Russischen ins Deutsche und auch umgekehrt.

Он мечтает **обо мне,**
а я мечтаю **о тебе.**

Er träumt von mir,
aber ich träume von dir.

— Ты забудь **о нём!** — говорит Артём.
Он не же́нится **на ней.**
Илья умне́й.

„Vergiss ihn!", sagt Artjom.
Er wird sie nicht heiraten.
Ilja ist vernünftiger.

Вы говорили **о нас.**
Мы расска́зывали **о вас.**
Но мы все забы́ли **о них.**

Ihr habt über uns geredet.
Wir haben von euch erzählt.
Aber wir alle haben sie vergessen.

P13 Übersetzen Sie die blau markierten Stellen.

Я живу in Wien im dritten Bezirk. Наш дом нахо́дится in der Straße Беатрикс-гассе. In diesem wunderschönen, alten Haus когда́-то жила поэтесса Ингеборг Бахман.

в Ве́не; в тре́тьем райо́не
на у́лице
В э́том прекра́сном, ста́ром до́ме

Мы живём im zweiten Stock in der Wohnung 6. In unserem Haus живут и молодые, и пожилые люди. Иногда im Hof или im Stiegenhaus я вижу мою соседку. Она живёт одна́. Каждое утро и каждый вечер она гуляет со своей собакой im kleinen Park.

на тре́тьем этаже, в шесто́й кварти́ре; В на́шем до́ме

во дворе́; на ле́стнице

в ма́леньком па́рке

— Где Вы отдыхали?
— Im Süden, auf Zypern, in Nikosia.
— Где Вы жили?
— Im Zentrum, in einem wunderschönen отеле.

На ю́ге, на Ки́пре, в Никози́и.

В це́нтре, в прекра́сном

— Где куртка?
— Dort in der Ecke, auf deinem Sofa.
— Почему?
— In unserem alten Schrank уже мало места. Я мечтаю von einem großen neuen Schrank.

Там в углу́, на твоём дива́не.

В на́шем ста́ром шкафу́
о большо́м,
но́вом шка́фе

114

Legen Sie das Buch mit dem aufgeschlagenen Text in einiger Entfernung vom Schreibtisch ab.
Lesen Sie so viel vom Text, wie Sie sich merken können, und schreiben Sie ihn am Schreibtisch aus dem Gedächtnis auf. Dann holen Sie sich die nächste Portion. Zum Schluss vergleichen Sie die Texte.

1. Lauftext
—В каком году ты родила́сь?
— В 1990 (девяно́стом).
— В како́м ме́сяце?
— В конце́ ноября́.

2. Lauftext
Разгово́р в авто́бусе.
— Вы выхо́дите на сле́дующей остано́вке?
Разгово́р в метро́.
— Ты сего́дня не на велосипе́де?
— Не ви́дишь, дождь идёт.

3. Lauftext
Где е́ли? В большо́м рестора́не у Еме́ли.
А где пи́ли? В но́вом ба́ре у Фи́ли.
Где жи́ли и спа́ли? В но́вом кварта́ле на дива́не у тёти Га́ли.
Где учи́лись? На филфа́ке.   *umg* philologische Fakultät
Где лени́лись? В весе́ннем па́рке.   faulenzen

4. Lauftext
Мы бы́ли на конце́рте. Договори́лись о пе́рвом ря́де, но сиде́ли, к сожале́нию, в деся́том ряду́.

Lektüre

втроём zu dritt
водоём Staubecken, Teich
у́тренний morgendlich

воро́на Rabe; почтальо́н Briefträger
неспе́шный langsam; ведём *uv* wir führen

Предложный падеж

В э́том до́ме мы живём втроём.
Наш балко́н выхо́дит на ти́хий водоём.
На у́треннем балко́не
фрукто́вый чай мы пьём.
О ко́шке, о воро́не, о но́вом почтальо́не
неспе́шный разгово́р ведём.

Незнакомая

Ка́ждую суббо́ту **в шесто́м ваго́не в тре́тьем купе́** у окна́ е́хала же́нщина. Обы́чно она́ вынима́ла из су́мки кни́гу. Вре́мя от вре́мени же́нщина смотре́ла в окно́ и ду́мала **о чём-то. О чём** она́ действи́тельно ду́мала, никто́ не знал. **В её поведе́нии** и **во всей её вне́шности** бы́ло сто́лько изя́щества, что контролёр ка́ждый раз, когда́ проверя́л её биле́т, приве́тствовал её лёгким ве́жливым кивко́м головы́. Она́ протя́гивала ему́ биле́т, и он почти́ ка́ждый раз замеча́л **на её лице́** ти́хую улы́бку. Обы́чно таки́е лю́ди не е́здят по́ездом, ду́мал контролёр. Почему́ она́ не е́здит **на маши́не** и́ли не лета́ет **на самолёте?**

В ваго́не-рестора́не он её никогда́ не ви́дел. Она́ всегда́ сиде́ла **в купе́ на своём ме́сте** у окна́.

Одна́жды в суббо́ту на её ме́сто сел друго́й пассажи́р, и бо́льше контролёр её никогда́ не встреча́л. То́лько её о́браз оста́лся **в его́ па́мяти**, а **в его́ душе́** како́е-то вре́мя жи́ло возвы́шенное чу́вство, кото́рое пото́м ти́хо уга́сло.

Die Unbekannte

Jeden Samstag fuhr **im sechsten Waggon im dritten Abteil** am Fenster eine Frau. Für gewöhnlich holte sie aus der Tasche ein Buch heraus. Von Zeit zu Zeit sah die Frau aus dem Fenster und dachte **über etwas** nach. **Woran** sie wirklich dachte, wusste niemand. **In ihrem Verhalten** und **in ihrem ganzen Aussehen** war solche Eleganz, dass sie der Kontrolleur jedes Mal, wenn er ihre Fahrkarte prüfte, mit einem leichten höflichen Kopfnicken begrüßte. Sie reichte ihm die Karte und er bemerkte beinahe jedes Mal **auf ihrem Gesicht** ein leises Lächeln. „Normalerweise fahren solche Leute wie sie nicht mit dem Zug", dachte der Kontrolleur. „Weshalb fährt sie nicht **mit dem Auto** oder fliegt **mit dem Flugzeug?**"

Im Speisewagen sah er sie nie. Sie saß immer **im Abteil an ihrem Platz** am Fenster.

Einmal saß am Samstag an ihrem Platz ein anderer Passagier und der Kontrolleur sah sie von da an nicht mehr. Nur ihr Bild blieb **in seinem Gedächtnis**, und **in seiner Seele** lebte eine gewisse Zeit lang ein erhabenes Gefühl, das dann langsam erlosch.

Мы стои́м на рубеже́,
на предло́жном падеже́ —

он мудри́т на стеллаже́,
он колду́ет в гараже́,
он танцует в парандже́
и бубни́т о госпоже́,
что гуляет в неглиже́
на последнем этаже́ —

будь же с ним
насторо́же!

рубе́ж Grenze

он мудри́т *uv* er grübelt
стелла́ж Regal
он колду́ет *uv* er zaubert, hext
паранджа́ Schleier,
Burka; **бубни́т** *uv* er
murmelt in den Bart
неглиже́ Morgen-
rock, Negligé
насторо́же auf
der Hut

Kongruenzgedicht. Nominativ

Де́ва мане́рная,	Zierpuppe,
хва́тка пеще́рная,	Kampftechnik primitiv,
платье концертное,	Konzertkleid,
стойка экспертная,	Pseudoexperte,
грёза карьерная,	Traumkarriere,
муха шпалерная,	Tapetenfliege,
ложка десертная,	Dessertlöffel,
скука смертная.	Sterbenslangeweile.

Substantivendungen